퍼펙트
P·E·R·F·E·C·T
중국어

Main Book 1

시사중국어사

퍼 퍼펙트 중국어는 중국어 공부의 새로운 패러다임을 구축할
신개념(New Concept) 중국어 교재로 쉽고! 재미있게! 학습할 수 있는
교재입니다.

펙 펙트만을 모아~모아~ 현지 중국인이 쓰는 단어와 문장을
패턴(Pattern)으로 녹여냈습니다.

트 트~윽별하고 야심차게 구성한 챈트(Rhythmic Chinese) 파트를 통해
패턴을 눈에 확! 입에 착! 귀에 쏙! 저장할 수 있습니다.

중 중국에서 현지인들과 대화하듯이 회화연습을 할 수 있도록
대화(Dialogue) 내용을 구현하였습니다.

국 국어 공부를 시작할 때처럼 차근차근, 더블 첵!(Double Check!)을 통해
어휘량을 UP!, 워드맵(Word Map)을 통해 배운 단어를 UP! UP!,
워크북을 통해 레알 중국어 실력 UP! UP! UP! 할 수 있습니다.

어 어른들도 아이들도 누구나 즐겁고 쉽게 공부할 수 있는
신개념 중국어 공부~! 퍼펙트(Perfect)로 시작합니다!

<完美漢語>

建立漢語學習全新概念,
打造漢語學習全新模式,
提供輕松有趣節奏韵律,
設計生動形象眞實會話,
開啓完美漢語學習之旅。

퍼펙트 중국어 교재로 중국어를 학습하시는 여러분, 반갑습니다!
늘 토착화 된 교재를 갈구하던 중, 새로운 개념으로 정석만을 골라 담아 학습자들에게
좀 더 편안하고 익숙하게 다가갈 수 있도록 만든 교재를 선보이게 되었습니다.
지금까지 많은 사람들이 다양한 교재와 방법으로 중국어를 학습해 왔습니다.
이제는 패턴과 리듬, 그리고 다양한 놀이로 구성된 차별화 된 학습법으로
이 교재를 사용해 보시기 바랍니다.

완전정복!
말은 쉽지만 행하기가 어려운 표어입니다. 하지만 불가능한 것도 아닙니다.
외국어 학습에 가장 중요한 어휘 확장과 반복된 말하기 연습, 그리고 패턴을 통한
문장구조 파악과 중국인과 흡사하게 말하는 어감 정복을 통해 충분히 달성할 수 있습니다.

이제 신선한 충격을 통해 고지에 올라 설 준비를 하시고 시작해 보십시오.
분명 퍼펙트하게 달라진 자신의 모습을 보시게 될 겁니다.
응원하겠습니다.

기해년 이른 봄을 기다리며
저자 일동

Main Book

✔ **INTRO** 중국어와 중국어의 발음, 그리고 중국어에서 기본이 되는 단어를 미리 배우고 갑니다.

✔ **Pattern 01, 02, 03**
같은 패턴을 묶어 연습하면 중국어가 쉬워집니다.
반복하여 듣고 말하기 연습을 해 보세요.

✔ **Rhythmic Chinese**
리듬을 통해 배운 패턴을 익혀 보세요.

✔ **Preview Toon**
회화에 어떤 내용이 나올지 미리 읽어 봅니다.

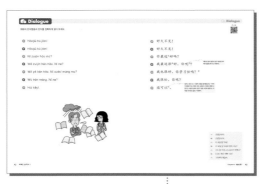

✔ **Dialogue**
미리보기와 배웠던 패턴을 생각하며 회화를
읽어 보세요.

✔ **Double Check!**
추가 단어를 활용하여 패턴연습을 해 보세요.

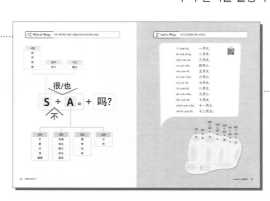

✔ **Word Map**
이번 과의 핵심 문장 구조
에서 배웠던 단어를 엮어
문장 만들기 연습을
해 보세요.

✔ **Let's Play**
중국어 동요나 시, 잰말놀이,
단어 게임 등 중국어로 재미
있게 놀아 봐요.

Workbook

Grammar
패턴과 회화에서 배웠던 문법을 정리했습니다.

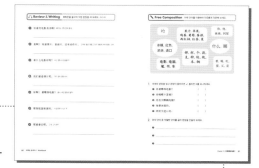

Review & Writing
회화문을 다시 들어 보고 받아쓰기 해 보세요.

Free Composition
제시된 단어를 조합하여 직접 문장을 만들어 보세요.

Speaking Practice
듣고 쓰기, 듣고 말하기로 실력을 쌓고, 제시된 상황에 대해 말하기 연습을 해 보세요.

Exercise
HSK, BCT 등 시험 유형에서 뽑은 문제를 풀며 시험까지 대비해 보세요.

Word Note

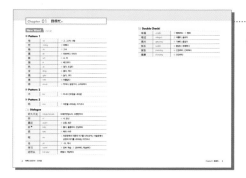

New Word
이 과에 새롭게 등장한 단어를 체크해 보세요.

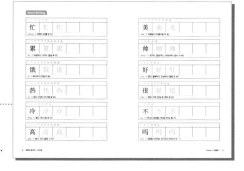

Word Writing
한자의 획순에 유의하며 한자를 써 보세요.

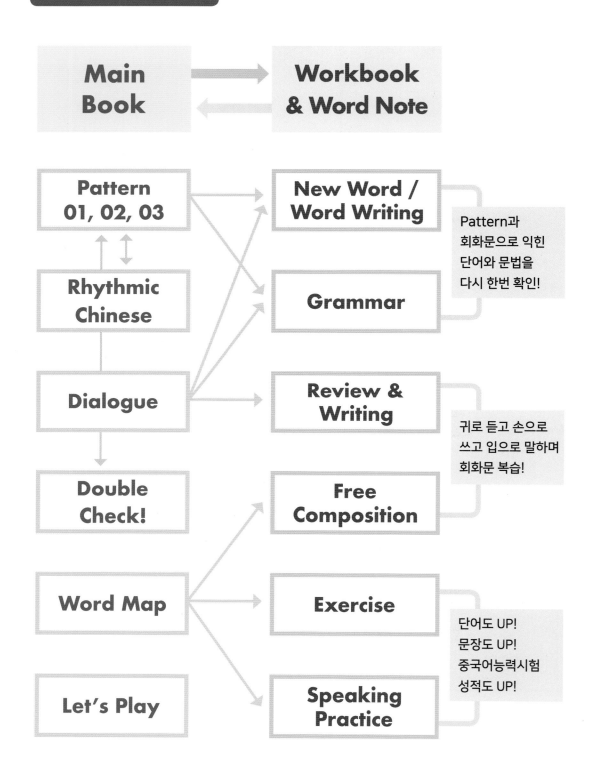

Main Book → **Workbook & Word Note**

Pattern 01, 02, 03 → New Word / Word Writing

Rhythmic Chinese → Grammar

Pattern과 회화문으로 익힌 단어와 문법을 다시 한번 확인!

Dialogue → Review & Writing

귀로 듣고 손으로 쓰고 입으로 말하며 회화문 복습!

Double Check! → Free Composition

Word Map → Exercise

단어도 UP! 문장도 UP! 중국어능력시험 성적도 UP!

Let's Play → Speaking Practice

☑ 이 책의 학습 효과

중국어 완전정복!

Word + Grammar + Exercise + Free Composition

+ BCT, CPT, FLEX, HKC, HSK, HSKK, TOCFL, TSC

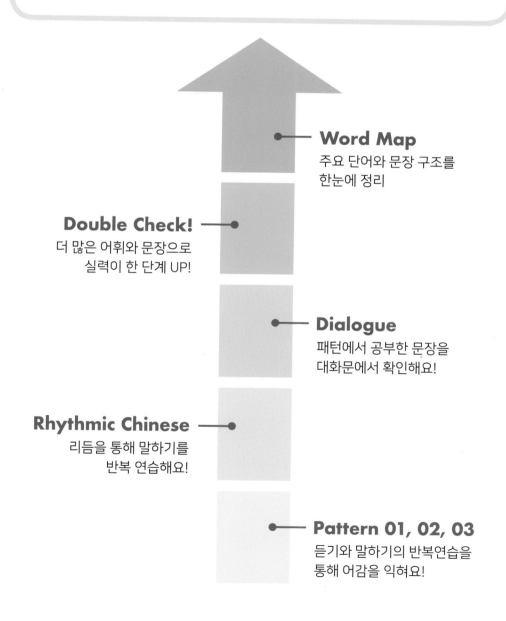

Word Map
주요 단어와 문장 구조를
한눈에 정리

Double Check!
더 많은 어휘와 문장으로
실력이 한 단계 UP!

Dialogue
패턴에서 공부한 문장을
대화문에서 확인해요!

Rhythmic Chinese
리듬을 통해 말하기를
반복 연습해요!

Pattern 01, 02, 03
듣기와 말하기의 반복연습을
통해 어감을 익혀요!

목 차

수업 계획표

주차	Chapter		학습 내용
1주차	**INTRO**		중국어와 중국어의 발음 중국어 기초 단어 배우기
2주차	**Chapter 01** 他忙吗?	**Pattern**	01 형용사서술어문 02 '不'자 부정문 03 '吗'자 의문문
		Dialogue	❶ 시간을 나타내는 명사 ❷ 정도부사 '很' ❸ 주어서술어문
3주차	**Chapter 02** 咖啡怎么样?	**Pattern**	01 의문대사 '怎么样' 02 정도부사 + 형용사 03 변화의 의미를 나타내는 어기조사 '了'
		Dialogue	❶ 긍정의 어기를 나타내는 어기조사 '啊' ❷ 정도부사 '有点儿' ❸ 정도보어 '死了'
4주차	**Chapter 03** 我去北京。	**Pattern**	01 동사서술어문 02 정반의문문 03 주술빈 구조 문장
		Dialogue	제안 · 요청을 나타내는 어기조사 '吧'
5주차	**Chapter 04** 你去哪儿?	**Pattern**	01 장소를 묻는 의문대사 '哪儿' 02 사물을 묻는 의문대사 '什么' 03 사람을 묻는 의문대사 '谁'
		Dialogue	동사 '打算'
6주차	**Chapter 05** 我吃了。	**Pattern**	01 동작의 완료를 나타내는 동태조사 '了' 02 동작 완료의 부정 03 동작 완료의 정반의문문
		Dialogue	❶ 양사 ❷ '又A 又B' 병렬복문
7주차			**중간고사**

INTRO

01 중국어란?

1 명칭

한어(汉语 Hànyǔ)	중국어
보통화(普通话 Pǔtōnghuà)	표준중국어

중국어를 일컫는 '한어'는 베이징 어음을 표준음으로, 북방 지역 언어를 기본 방언으로, 현대백화문 저작을 어법의 규범으로 삼는다.

✔ '한어'는 중화인민공화국(中华人民共和国: 홍콩, 마카오 포함)의 대부분을 차지하는 '한족(汉族 Hànzú)'의 언어라는 뜻!

✔ 표준어를 중국에서는 보통화, 타이완에서는 국어(国语 Guóyǔ) 또는 화어(华语 Huáyǔ), 싱가포르 등 동남아시아지역에서는 화어라 지칭!

✔ 중국에는 수많은 방언이 있으나 보통화가 전 지역에서 통용된다.

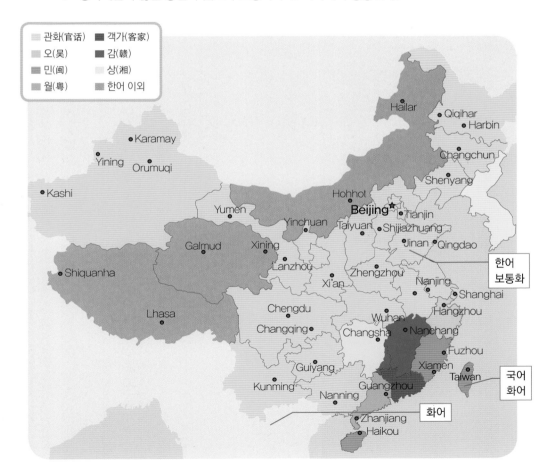

2 글자

한자는 간체와 정체로 나뉘는데, 다음과 같다.

간체 简体 중국에서 사용하는 중국어 글자	汉语	中国	学生	妈妈	简体
정체 正体 타이완, 홍콩, 마카오 등에서 사용하는 중국어 글자	漢語	中國	學生	媽媽	簡體

✔ 대한민국의 한자도 정체자!

02 중국어의 발음

1 중국어의 발음기호

중국어의 발음기호를 '한어병음(汉语拼音 Hànyǔ Pīnyīn)'이라고 하며 성모, 운모, 성조로 구성되어 있다.

✔ 한어병음은 중국어 글자가 아니라 중국어 발음을 익히기 위한 기호

2 성조

중국어에는 1~4성까지 네 개의 성조가 있다.

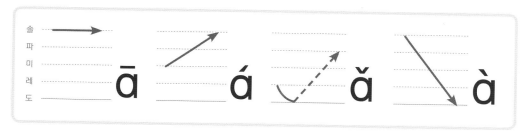

1성	높고 평평하고 길다.	솔 ➡ 솔
2성	중간 정도 음으로 시작하여 고음으로 올려준다.	미 ➡ 솔
3성	중간 정도 음에서 더 낮게 내려와서 꺾이듯 다시 높은 음으로 올려준다.	레 ➡ 도 ➡ 파
4성	높은 음에서 낮은 음으로 툭 떨어뜨리듯 소리낸다.	솔 ➡ 도

3 경성

네 개의 성조 이외에 특별한 높낮이 없이 가볍고 짧게 툭 떨어지는 소리의 경성이 있으며, 경성은 별도의 표기가 없다.

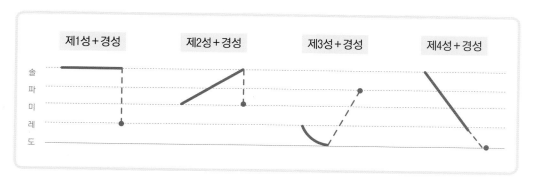

4 운모

가장 기본이 되는 단운모와 복운모, 비운모, 결합운모(i-결합, u-결합, ü-결합) 등 36개의 운모가 있다.

단운모	복운모	
		비운모
a	ai ao	an ang
o	ou	ong
e	ei	en eng er
i	ia ie iao i(o)u	ian in iang ing iong
u	ua uo uai u(e)i	uan un uang ueng
ü	üe	üan ün

☑ Check!

❶ 성조는 모음 위에 표기함.

› 모음이 2개 이상이면 a > o, e > i, u, ü 의 순으로 표기

› 'i'와 'u' 두 모음만 있는 경우는 둘 중 뒤쪽에 있는 모음 위에 표기

❷ 성모없이 'i-', 'u-', 'ü-'로 시작하는 발음은 각각 'y', 'w', 'yu'로 표기함.

› 단, 'i', 'u', 'ü', 'in', 'ing'가 단독으로 출현할 경우 각각 'yi', 'wu', 'yu', 'yin',
'ying'으로 표기

예 i ▸ yi / ing ▸ ying   ian ▸ yan / u ▸ wu

uo ▸ wo / ü ▸ yu   üan ▸ yuan

ài 爱 사랑하다

èi 诶 어이

yī 一 1, 하나

yè 叶 잎

yá 牙 치아

yān 烟 연기

yào 药 약

yáng 羊 양

yòng 用 사용하다

yǔ 雨 비

yuè 月 달

yún 云 구름

yuán 圆 둥글다

wá 娃 아기

wǒ 我 나

wán 玩 놀다

wǔ 五 5, 다섯

wěi 尾 꼬리

wēng 翁 노인

ěr 耳 귀

5 성모

한국어의 자음에 해당하는 중국어의 성모는 모두 21개가 있다. 성모만으로는 발음할 수 없기 때문에 지정된 단운모와 함께 붙여 읽는다.

쌍순음	윗입술과 아랫입술 소리	b p m	
순치음	윗니와 아랫입술 소리	f	**+** o
설첨음	혀끝과 윗잇몸 소리	d t n l	
설근음	혀뿌리와 입천장 소리	g k h	**+** e
설면음	혓바닥과 입천장 소리	j q x	
설첨전음	혀끝과 이 소리	z c s	**+** i
설첨후음	혀끝과 입천장 소리	zh ch sh r	

☑ Check!

❶ 결합운모 '–iou'가 성모와 결합할 경우, 'o'를 빼고 '–iu'로 표기. 단 발음은 살아있음

❷ 결합운모 '–uei'가 성모와 결합할 경우, 'e'를 빼고 '–ui'로 표기, 단 발음은 살아있음

❸ 비운모 'an'은 [안]으로 발음하지만, 'i', 'ü'와 결합하면 [앤]으로 발음

❹ 성모 'j, q, x'가 운모 'ü', 'üe', 'üan', 'ün'과 결합하면 발음은 그대로이나 'ü'가 'u'로 표기

bā 八 8

fú 福 복

dōng 冬 겨울

tiān❸ 天 하늘

niú❶ 牛 소

lǜ 绿 초록색

guì❷ 贵 비싸다

kuài 快 빠르다

huí 回 돌아오다

jiǔ 九 9

qián 钱 돈

juǎn❸❹ 卷 말다, 감다

zuì 醉 취하다

cún 存 저축하다

suàn 蒜 마늘

jūn❹ 军 군대

zhǐ 纸 종이

chī 吃 먹다

shí 十 10

rì 日 해, 낮

☑ Check!

- 3성의 성조 변화

❶ 3성이 2성으로 변하는 경우:

> 3성 + 3성 ▶ 2성 + 3성

예 lǎobǎn 老板 사장님, Fǎyǔ 法语 프랑스어

❷ 3성이 반3성으로 변하는 경우:

> 3성 + 1성 · 2성 · 4성 · 경성 ▶ 반3성 + 1성 · 2성 · 4성 · 경성

★ 반3성이란? 앞부분 절반만 발음하고, 성조 표기는 그대로 하는 발음

예 Běijīng 北京 베이징, lǚxíng 旅行 여행, hǎokàn 好看 보기 좋다,
nǎinai 奶奶 할머니

- 격음부호

성모 없이 'a', 'o', 'e'로 시작하는 음절이 다른 음절 뒤에 오게 되면 두 음절을
구분해 주기 위해 사용하는 기호.

예 píng'ān 平安 평안하다, nǚ'er 女儿 딸

연습3 성조 연습

māma 妈妈 엄마

yéye 爷爷 할아버지

nǎinai❷ 奶奶 할머니

bàba 爸爸 아빠

jīntiān 今天 오늘

Zhōngguó 中国 중국

gēshǒu 歌手 가수

tiānqì 天气 날씨

míngtiān 明天 내일

Hánguó 韩国 한국

píjiǔ 啤酒 맥주

xuéxiào 学校 학교

Běijīng❷ 北京 베이징

Měiguó❷ 美国 미국

Shǒu'ěr❶❸ 首尔 서울

kělè❷ 可乐 콜라

hòutiān 后天 모레

dàxué 大学 대학

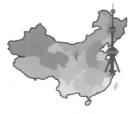

Shànghǎi 上海 상하이

diànshì 电视 텔레비전

00-08

mǐfàn 米饭 (쌀)밥

diànyǐng 电影 영화

miànbāo 面包 빵

fǎlǜ 法律 법률

sījī 司机 기사

niúnǎi 牛奶 우유

wǎnshang 晚上 저녁

míngnián 明年 내년

Chūnjié 春节 춘제, 설날

gāngbǐ 钢笔 만년필

Lúndūn 伦敦 런던

jùhuì 聚会 모임

xuésheng 学生 학생

zhuōzi 桌子 책상

kǎoshì 考试 시험

chuánzhēn 传真 팩스

rìzi 日子 날짜

huǒguō 火锅 훠궈

zìjǐ 自己 자기자신

cídiǎn 词典 사전

03 중국어 기초 단어 미리 알기

1 가족

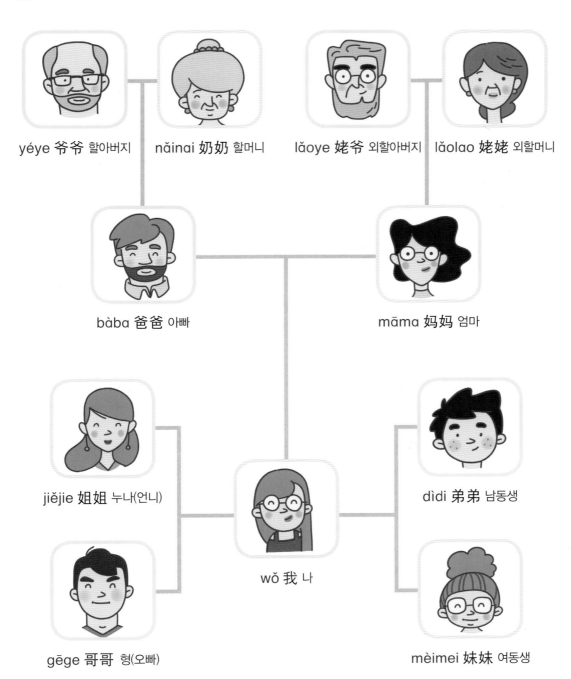

yéye 爷爷 할아버지 nǎinai 奶奶 할머니 lǎoye 姥爷 외할아버지 lǎolao 姥姥 외할머니

bàba 爸爸 아빠 māma 妈妈 엄마

jiějie 姐姐 누나(언니) dìdi 弟弟 남동생

wǒ 我 나

gēge 哥哥 형(오빠) mèimei 妹妹 여동생

2 인칭대사

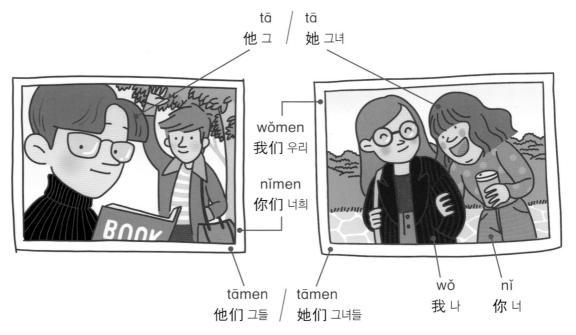

tā
他 그 / tā
她 그녀

wǒmen
我们 우리

nǐmen
你们 너희

tāmen
他们 그들 / tāmen
她们 그녀들

wǒ
我 나

nǐ
你 너

00-11

3 지시대사와 양사

nàge rén
那个人 저 사람

zhège rén
这个人 이 사람

wǒ
我 나

00-12

Jiānádà **加拿大** 캐나다

Zhōngguó **中国** 중국

Hánguó **韩国** 한국

Yīngguó **英国** 영국

Fǎguó **法国** 프랑스

Rìběn **日本** 일본

Yìndù **印度** 인도

Měiguó **美国** 미국

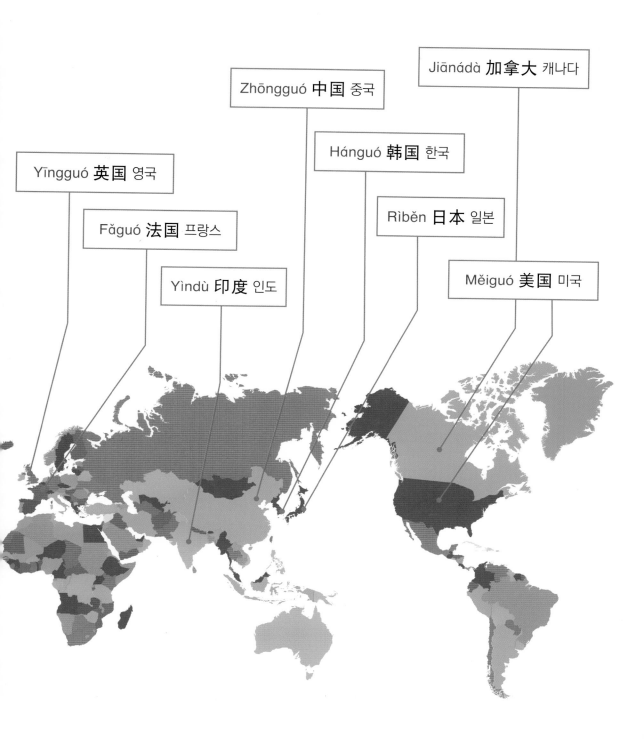

5 중국 지도- 주요도시명

00-14

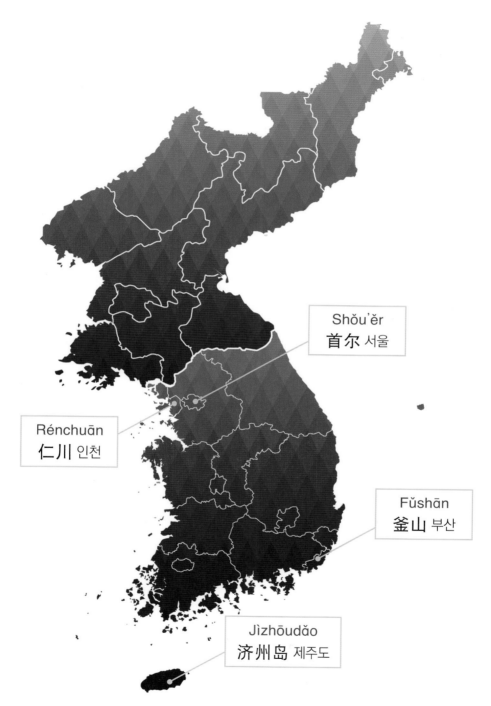

Shǒu'ěr
首尔 서울

Rénchuān
仁川 인천

Fǔshān
釜山 부산

Jìzhōudǎo
济州岛 제주도

7 숫자

líng 零 0

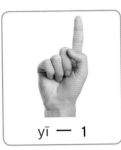

yī 一 1

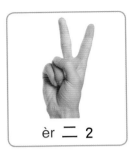

èr 二 2

sān 三 3

sì 四 4

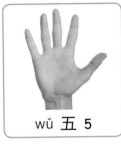

wǔ 五 5

liù 六 6

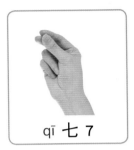

qī 七 7

bā 八 8

jiǔ 九 9

shí 十 10

11	12	13	14	15	16	17	18	19	20
十一	十二	十三	十四	十五	十六	十七	十八	十九	二十
shíyī	shí'èr	shísān	shísì	shíwǔ	shíliù	shíqī	shíbā	shíjiǔ	èrshí

30	40	50	60	70	80	90	100	1000	10000
三十	四十	五十	六十	七十	八十	九十	一百	一千	一万
sānshí	sìshí	wǔshí	liùshí	qīshí	bāshí	jiǔshí	yìbǎi	yìqiān	yíwàn

☑ Check!

백의 자리 이상에서 2가 오면 '二'이 아닌 '两'을 쓴다. 단, 백의 자리에서는 둘 다 쓴다.

예 两百 liǎngbǎi (二百 èrbǎi)　　两千 liǎngqiān　　两万 liǎngwàn

8 날짜와 요일

2019年 1月 1日
èr líng yī jiǔ nián yī yuè yī rì

年月日 nián yuè rì 년월일

	年 nián 년		月 yuè 월	日 rì 일 / 号 hào 일
1988 (一九八八 yī jiǔ bā bā) ⋮ 2019 (二零一九 èr líng yī jiǔ)		1 (一 yī) 2 (二 èr) ⋮ 11 (十一 shíyī) 12 (十二 shí'èr)		3 (三 sān) ⋮ 20 (二十 èrshí) ⋮ 31(三十一 sānshíyī)

星期 xīngqī 요일

星期一 xīngqīyī 월요일	星期二 xīngqī'èr 화요일	星期三 xīngqīsān 수요일	星期四 xīngqīsì 목요일	星期五 xīngqīwǔ 금요일	星期六 xīngqīliù 토요일	星期日/ xīngqīrì/ 星期天 xīngqītiān 일요일

☑ Check!

❶ 년도는 한 단위씩 끊어서 읽고, 월과 일은 일반적인 숫자 읽는 방법으로 읽는다.

❷ 요일은 '星期' 대신 '礼拜 lǐbài', '周 zhōu'를 쓰기도 한다.

9 시간

| 点 diǎn | 一点 yī diǎn,
两点 liǎng diǎn,
三点 sān diǎn,
十二点 shí'èr diǎn |

2:02
两点零二(分)
liǎng diǎn líng èr(fēn)

2:15
两点十五(分) / 两点一刻
liǎng diǎn shíwǔ(fēn) / liǎng diǎn yí kè

3:30
三点三十(分) / 三点半
sān diǎn sān shí(fēn) / sān diǎn bàn

| 分 fēn | 一分 yī fēn,
二分 èr fēn,
四十五分 sìshíwǔ fēn |

10:59:55
十点五十九分五十五(秒)
shí diǎn wǔshíjiǔ fēn wǔshíwǔ(miǎo)

2:53:08
两点五十三分零八(秒)
liǎng diǎn wǔshísān fēn líng bā(miǎo)

| 秒 miǎo | 一秒 yī miǎo,
二秒 èr miǎo,
五十九秒 wǔshíjiǔ miǎo |

☑ Check!

❶ 시각을 나타내는 '点' 앞에 '二'을 쓸 경우에는 일반적으로 '两'을 쓴다.

❷ '刻 kè'는 15분, '半 bàn'은 30분을 나타낸다.

　예　两点一刻 2:15　　　　两点三刻 2:45　　　　两点半 2:30

10 화폐

| 元(块)
yuán (kuài) | 一块 yí kuài, 两块 liǎng kuài, 五块 wǔ kuài,
十块 shí kuài, 二十块 èrshí kuài,
五十块 wǔshí kuài, 一百块 yìbǎi kuài |

쓸 때에는 '元', '角'로,
말할 때에는 '块',
'毛'로 쓴다.

| 角(毛)
jiǎo (máo) | 一角 yì jiǎo, 两角 liǎng jiǎo, 五角 wǔ jiǎo |

| 分
fēn | 一分 yì fēn, 两分 liǎng fēn |

☑ Check!

화폐단위 '元(块)', '角(毛)', '分' 앞에 '二'을 쓸 경우에는 '两 liǎng'을 쓴다.

6.98元
六块九毛八分 / 六元九角八分
liù kuài jiǔ máo bā fēn / liù yuán jiǔ jiǎo bā fēn

3.98元
三块九毛八分 / 三元九角八分
sān kuài jiǔ máo bā fēn / sān yuán jiǔ jiǎo bā fēn

5.98元
五块九毛八分 / 五元九角八分
wǔ kuài jiǔ máo bā fēn / wǔ yuán jiǔ jiǎo bā fēn

2.69元
两块六毛九分 / 两元六角九分
liǎng kuài liù máo jiǔ fēn / liǎng yuán liù jiǎo jiǔ fēn

Chapter
01

他忙吗？

Pattern 01

Tā máng.

他忙。

Pattern 02

Tā bù máng.

他不忙。

Pattern 03

Tā máng ma?

他忙吗?

Tā máng.

Tā máng.

Tā lèi.

Wǒ è.

Wǒ rè.

Tā lěng.

Tā gāo.

Tā měi.

Tā shuài.

他忙。

01-01

他忙。

그는 바빠요.

她累。

그녀는 피곤해요.

我饿。

나는 배고파.

我热。

나는 더워.

他冷。

그는 추워요.

她高。

그녀는 (키가) 커.

她美。

그녀는 아름다워요.

他帅。

그는 잘생겼어.

Tā bù máng.

Tā bù máng.

Tā bú lèi.

Wǒ bú è.

Wǒ bú rè.

Tā bù lěng.

Tā bù gāo.

Tā bù měi.

Tā bú shuài.

他不忙。

他不忙。　　　　　그는 바쁘지 않아요.

她不累。　　　　　그녀는 피곤하지 않아요.

我不饿。　　　　　나는 배고프지 않아.

我不热。　　　　　나는 덥지 않아.

他不冷。　　　　　그는 춥지 않아요.

她不高。　　　　　그녀는 (키가) 크지 않아.

她不美。　　　　　그녀는 아름답지 않아요.

他不帅。　　　　　그는 잘생기지 않았어.

Tā máng ma?

Tā máng ma?

Tā lèi ma?

Nǐ è ma?

Nǐ rè ma?

Tā lěng ma?

Tā gāo ma?

Tā měi ma?

Tā shuài ma?

他忙吗?

他忙吗?　　　　　그는 바빠요?

她累吗?　　　　　그녀는 피곤해요?

你饿吗?　　　　　(너) 배고파?

你热吗?　　　　　(너) 더워?

他冷吗?　　　　　그는 추워요?

她高吗?　　　　　그녀는 (키가) 커?

她美吗?　　　　　그녀는 아름다워요?

他帅吗?　　　　　그는 멋있어?

Rhythmic Chinese

♪

앞에서 배운 내용을 박자에 맞춰 신나게 읽어 보세요!

Nǐ máng ma? Nǐ máng ma? 你忙吗？ 你忙吗？

Zuìjìn nǐ máng ma? 最近你忙吗？

Hěn máng, hěn máng, hěn máng. 很忙，很忙，很忙。

Zuìjìn wǒ hěn máng. 最近我很忙。

Nǐ máng ma? Nǐ máng ma? 你忙吗？ 你忙吗？

Nǐ xiànzài máng ma? 你现在忙吗？

Bù máng, bù máng, bù máng. 不忙，不忙，不忙。

Wǒ xiànzài bù máng. 我现在不忙。

💬 Dialogue

회화의 한어병음과 한자를 정확하게 읽어 보세요.

Ⓐ Hǎojiǔ bú jiàn!

Ⓑ Hǎojiǔ bú jiàn!

Ⓐ Nǐ zuìjìn hǎo ma?

Ⓑ Wǒ zuìjìn hěn hǎo. Nǐ ne?

Ⓐ Wǒ yě hěn hǎo. Nǐ xuéxí máng ma?

Ⓑ Wǒ hěn máng. Nǐ ne?

Ⓐ Hái kěyǐ.

Ⓐ 好久不见!

Ⓑ 好久不见!

Ⓐ 你最近ᴳ好吗?

Ⓑ 我最近很ᴳ好。你呢ᵀ?

대화 중 앞의 질문과 같은 내용을 반복해서 질문할 때 쓰는 표현이다.

Ⓐ 我也很好。你学习忙吗? ᴳ

Ⓑ 我很忙。你呢?

Ⓐ 还可以ᵀ。

일이나 공부 등 그 사람의 근황을 물어봤을 때, '그럭저럭 괜찮다'라는 의미로 자주 사용된다. 이외에 어떠한 사물 또는 사람의 상태나 정도가 일정 수준에 달한다는 의미를 나타내는 말로도 사용한다.

Ⓐ 오랜만이야!

Ⓑ 오랜만이다!

Ⓐ 너 요즘 잘 지내?

Ⓑ 나 요즘 잘 지내고 있어. 너는?

Ⓐ 나도 잘 지내. (너) 공부가 바쁘니?

Ⓑ (나는) 매우 바빠. 너는?

Ⓐ 그럭저럭 괜찮아.

	xìngfú	幸福	휑 행복하다
	nánguò	难过	휑 괴롭다, 슬프다
	gāoxìng	高兴	휑 기쁘다, 즐겁다
	kuàilè	快乐	휑 즐겁다, 유쾌하다
	jǐnzhāng	紧张	휑 긴장하다
	jiànkāng	健康	휑 건강하다

❶ 그는 요즘 아주 건강해요.   ❷ 그녀는 슬프지 않아요.

❸ 그녀는 행복해요.   ❹ 그녀는 아주 기뻐요.

Tā xìngfú.	她幸福。	그녀는 행복해요.
Tā bù nánguò.	她不难过。	그녀는 슬프지 않아요.
Tā hěn gāoxìng.	她很高兴。	그녀는 기뻐요.
Tā yě kuàilè.	他也快乐。	그도 즐거워요.
Tā jǐnzhāng ma?	她紧张吗?	그녀가 긴장하나요?
Tā zuìjìn hěn jiànkāng.	他最近很健康。	그는 요즘 건강해요.

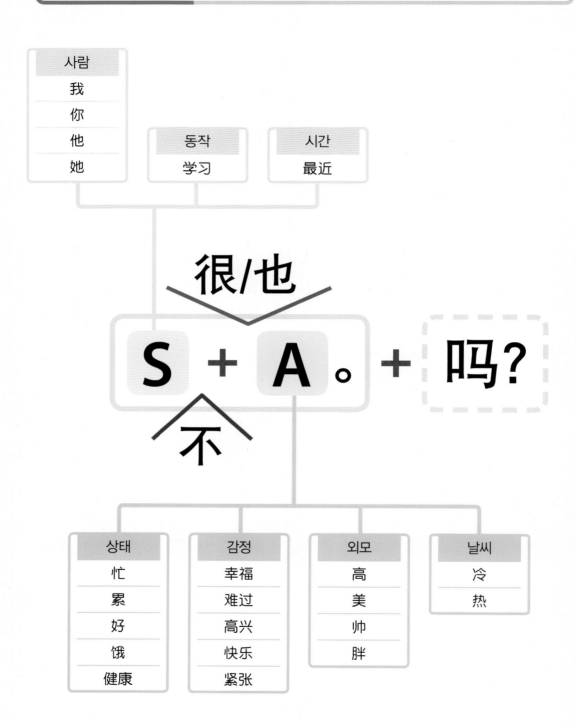

Yī yuè dà,	一月大,	
èr yuè píng,	二月平,	01-07
sān yuè dà,	三月大,	
sì yuè xiǎo,	四月小,	
wǔ yuè dà,	五月大,	
liù yuè xiǎo,	六月小,	
qī yuè dà,	七月大,	
bā yuè dà,	八月大,	
jiǔ yuè xiǎo,	九月小,	
shí yuè dà,	十月大,	
shíyī yuè xiǎo,	十一月小,	
shí'èr yuè dà.	十二月大。	

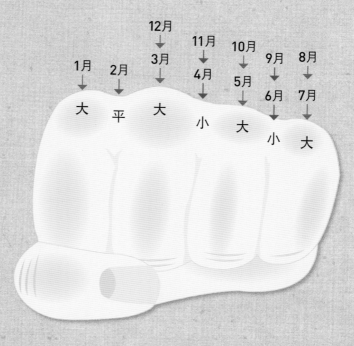

Chapter

02

咖啡怎么样？

학습 내용

Kāfēi zěnmeyàng?

 Kāfēi zěnmeyàng?

 Xuéxiào zěnmeyàng?

 Yánsè zěnmeyàng?

 Wèidào zěnmeyàng?

 Mǐfàn zěnmeyàng?

 Zuìjìn zěnmeyàng?

 Tiānqì zěnmeyàng?

 Lǎoshī zěnmeyàng?

咖啡怎么样?

02-01

咖啡怎么样?	커피 어때요?
学校怎么样?	학교는 어때?
颜色怎么样?	색깔이 어때요?
味道怎么样?	맛이 어때?
米饭怎么样?	(쌀)밥 어때?
最近怎么样?	요즘 어때요?
天气怎么样?	날씨가 어때?
老师怎么样?	선생님은 어떠세요?

Kāfēi hěn kǔ.

 Kāfēi hěn kǔ.

 Xuéxiào hěn hǎo.

 Yánsè hěn shēn.

 Wèidào fēicháng hǎo.

 Mǐfàn fēicháng xiāng.

 Zuìjìn fēicháng máng.

 Tiānqì tài nuǎnhuo le.

 Lǎoshī tài gāoxìng le.

咖啡很苦。

咖啡很苦。 커피가 (맛이) 써요.

学校很好。 학교는 좋아.

颜色很深。 색깔이 짙어요.

味道非常好。 맛이 대단히 좋아.

米饭非常香。 (쌀)밥이 매우 맛있어.

最近非常忙。 요즘 엄청 바빠요.

天气太暖和了。 날씨가 너무 따뜻해.

老师太高兴了。 선생님께서 매우 기뻐하세요.

Pattern 03

Wǒ pàng le.

Wǒ pàng le.

Wǒ bǎo le.

Kāfēi liáng le.

Diànnǎo huài le.

Tiānqì liángkuài le.

Shǒujī piányi le.

Chūntiān le.

Zhōumò le.

我胖了。

我胖了。　　　　　나는 뚱뚱해졌어.

我饱了。　　　　　(나는) 배가 불러.

咖啡凉了。　　　　커피가 식었어.

电脑坏了。　　　　컴퓨터가 고장 났어요.

天气凉快了。　　　날씨가 시원해졌어요.

手机便宜了。　　　휴대전화가 싸졌어요.

T

春天了。　　　　　봄이 되었어.

周末了。　　　　　주말이야.

Rhythmic Chinese

♪

앞에서 배운 내용을 박자에 맞춰 신나게 읽어 보세요!

Zěnmeyàng? Zěnmeyàng? 　怎么样？怎么样？

Tiānqì zěnmeyàng? 　天气怎么样？

Tài hǎo le, tài hǎo le. 　太好了，太好了。

Tiānqì tài hǎo le. 　天气太好了。

Chūntiān le, chūntiān le. 　春天了，春天了。

Tiānqì nuǎnhuo le. 　天气暖和了。

Zěnmeyàng? Zěnmeyàng? 　怎么样？怎么样？

Gōngzuò zěnmeyàng? 　工作怎么样？

Fēicháng máng, fēicháng máng. 　非常忙，非常忙。

Gōngzuò fēicháng máng. 　工作非常忙。

Wǒ lèi le, wǒ lèi le. 　我累了，我累了。

Wǒ, wǒ! Lèi sǐ le. 　我，我！累死了。

💬 Dialogue

회화의 한어병음과 한자를 정확하게 읽어 보세요.

Ⓐ Zǎoshang hǎo!

Ⓑ Zǎoshang hǎo!

Ⓐ Jīntiān tiānqì tài hǎo le.

Ⓑ Shì a! Chūntiān le, tiānqì nuǎnhuo le.

Ⓐ Zuìjìn gōngzuò zěnmeyàng?

Ⓑ Gōngzuò yǒudiǎnr duō, lèi sǐ le.

Ⓐ 早上好^T!

> '좋은 아침!', '굿모닝!'과 같이 주로 아침에 하는 일상적인 인사말이다.
> 아침, 점심, 저녁에 각각 할 수 있는 인사말이 있는데,
>   아침인사: **早安** Zǎo'ān / **早上好** Zǎoshang hǎo
>   낮 인사: **午安** Wǔ'ān
>   밤 인사: **晚安** Wǎn'ān / **晚上好** Wǎnshang hǎo
> '早安', '午安'은 대만에서 주로 사용되며, 중국 북방에서는 서면어로 주
> 로 사용된다. '晚安'은 '잘자요', '굿나잇'의 의미로 중국 북방에서도 구어
> 로 자주 사용되며, '晚上好'는 저녁이나 밤에 진행되는 행사나 모임 등에
> 서 인사말로 쓰인다.

Ⓑ 早上好!

Ⓐ 今天天气太好了。

Ⓑ 是啊^G!春天了，天气暖和了。

Ⓐ 最近工作怎么样?

Ⓑ 工作有点儿^G多，累死了^G。

Ⓐ	좋은 아침!
Ⓑ	굿모닝!
Ⓐ	오늘 날씨 정말 좋다.
Ⓑ	맞아(그러게)! 봄이 돼서 날씨가 따뜻해졌어.
Ⓐ	요즘 일은 어때?
Ⓑ	일이 좀 많아서, 피곤해 죽겠어.

	guì	贵	혱 비싸다, 귀하다
	jìn	近	혱 가깝다
	qíng	晴	혱 맑다
	hóng	红	혱 빨갛다, 붉다
	hēi	黑	혱 검다, 어둡다
	yīn	阴	혱 흐리다

☑**Finish!** 다음 문장을 중국어로 바꿔 말해 보세요.
❶ 날이 개었어.
❸ 날이 어두워졌어요.
❷ 컴퓨터가 비싸.
❹ 학교가 매우 가까워요.

02-06

Diànnǎo hěn guì.	电脑很贵。	컴퓨터가 비싸.
Xuéxiào fēicháng jìn.	学校非常近。	학교가 매우 가까워요.
Tiān qíng le.	天晴了。	날이 개었어.
Yánsè tài hóng le.	颜色太红了。	색깔이 너무 빨갛네.
Tiān hēi le.	天黑了。	날이 어두워졌어요.
Tiān yīn le.	天阴了。	날이 흐려졌어요.

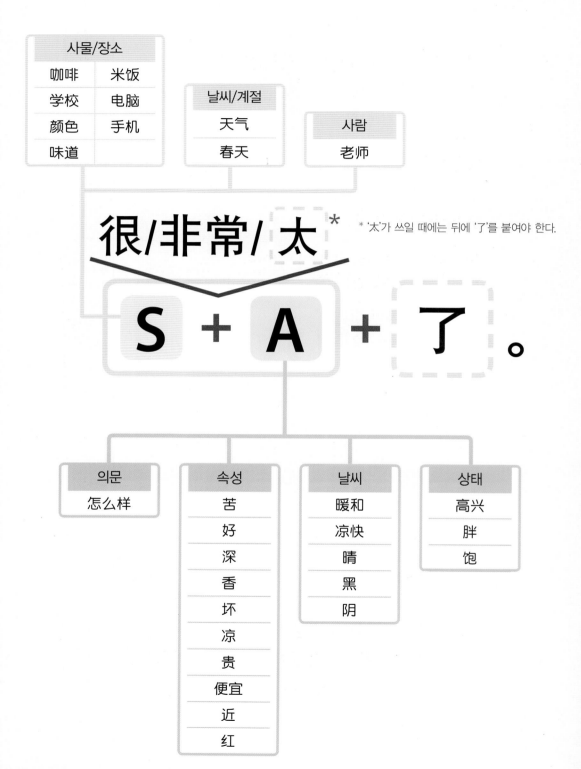

사물/장소	
咖啡	米饭
学校	电脑
颜色	手机
味道	

날씨/계절
天气
春天

사람
老师

很/非常/太 *

* '太'가 쓰일 때에는 뒤에 '了'를 붙여야 한다.

S ＋ A ＋ 了 。

의문
怎么样

속성
苦
好
深
香
坏
凉
贵
便宜
近
红

날씨
暖和
凉快
晴
黑
阴

상태
高兴
胖
饱

02-07

Xīnnián hǎo 新年好

Xīnnián hǎo ya, xīnnián hǎo ya,
新年好呀，新年好呀，

zhùfú dàjiā xīnnián hǎo.
祝福大家新年好。

Wǒmen chàng gē, wǒmen tiàowǔ,
我们唱歌，我们跳舞，

zhùfú dàjiā xīnnián hǎo.
祝福大家新年好。

새해 복 많이 받으세요.

새해 복 많이 받으세요, 새해 복 많이 받으세요.
여러분 모두 새해 복 많이 받으시길 바랄게요.
우리 노래하고, 우리 춤 춰요.
여러분 모두 새해 복 많이 받으시길 바랄게요.

我去北京。

학습 내용

Wǒ qù.

Wǒ chī.

Wǒ hē.

Wǒ kàn.

Māma tīng.

Bàba zài.

Tāmen bù mǎi.

Wǒmen bú kàn.

我去。

我去。	내가 가요.
我吃。	내가 먹어.
我喝。	제가 마십니다.
我看。	내가 봐.
妈妈听。	엄마가 듣습니다.
爸爸在。	아빠가 계세요.

T

他们不买。	그들은 안 삽니다.
我们不看。	우리는 안 봐요.

Nǐ qù bu qù?

Nǐ qù bu qù?

Nǐ chī bu chī?

Nǐ hē bu hē?

Nǐ kàn bu kàn?

Māma tīng bu tīng?

Bàba zài bu zài?

T

Tāmen mǎi ma?

Nǐmen kàn ma?

你去不去?

你去不去?　　　　당신이 가나요? (안 가나요?)

你吃不吃?　　　　네가 먹니? (안 먹니?)

你喝不喝?　　　　당신이 마셔요? (안 마셔요?)

你看不看?　　　　네가 보니? (안 보니?)

妈妈听不听?　　　엄마가 들으시나요? (안 들으시나요?)

爸爸在不在?　　　아빠가 계신가요? (안 계신가요?)

T

他们买吗?　　　　그들이 삽니까?

你们看吗?　　　　당신들이 보나요?

Wǒ qù Běijīng.

Wǒ qù Běijīng.

Wǒ chī mǐfàn.

Wǒ hē niúnǎi.

Wǒ kàn diànshì.

Māma tīng yīnyuè.

Bàba zài gōngsī.

T

Tāmen bù mǎi miànbāo.

Wǒmen bú kàn bàozhǐ.

我去北京。　　　　　　　内가 베이징에 가요.

我吃米饭。　　　　　　　내가 (쌀)밥을 먹어.

我喝牛奶。　　　　　　　제가 우유를 마십니다.

我看电视。　　　　　　　내가 텔레비전을 봐.

妈妈听音乐。　　　　　　엄마가 음악을 들으세요.

爸爸在公司。　　　　　　아빠가 회사에 계세요.

T

他们不买面包。　　　　　그들은 빵을 안 삽니다.

我们不看报纸。　　　　　우리들은 신문을 보지 않아요.

Rhythmic Chinese

♪

앞에서 배운 내용을 박자에 맞춰 신나게 읽어 보세요!

Qù bu qù? Qù bu qù?	去不去? 去不去?
Nǐ qù bu qù?	你去不去?
Wǒ qù, wǒ qù, wǒ qù.	我去，我去，我去。
Wǒ qù Běijīng.	我去北京。

Chī bu chī? Chī bu chī?	吃不吃? 吃不吃?
Nǐ chī bu chī?	你吃不吃?
Wǒ chī, wǒ chī, wǒ chī.	我吃，我吃，我吃。
Wǒ chī mǐfàn.	我吃米饭。

Hē bu hē? Hē bu hē?	喝不喝? 喝不喝?
Nǐ hē bu hē?	你喝不喝?
Wǒ hē, wǒ hē, wǒ hē.	我喝，我喝，我喝。
Wǒ hē niúnǎi.	我喝牛奶。

회화의 한어병음과 한자를 정확하게 읽어 보세요.

Ⓐ Nǐ bàba māma zài jiā ma?

Ⓑ Bàba zài gōngsī, māma zài xuéxiào.

Ⓐ Tāmen dōu bú zài a!

Ⓑ Wǒmen zuò zuòyè ma?

Ⓐ Bù, xiān wánr yóuxì ba.

Ⓑ Hǎo de. Nǐ hē bu hē yǐnliào?

Ⓐ Ǹg. Xièxie.

Ⓐ 你爸爸妈妈在家吗?

Ⓑ 爸爸在公司，妈妈在学校。

Ⓐ 他们ᵀ都不ᵀ在啊！

> '他们'은 '他'의 복수형으로, '그들', '그 사람들'의 뜻이다.
> (오리엔테이션 24쪽 참고)

> 부사 '都'와 부정부사 '不'가 동시에 출현할 때 그 어순에
> 따라 의미가 다르다.
> 예 都不: 모두 다 ～이 아니다 [완전 부정]
>   不都: 모두 ～인 것은 아니다 [부분 부정]

Ⓑ 我们做作业吗?

Ⓐ 不，先玩儿游戏吧ᴳ。

> 어떤 의견에 대해 찬성이나 동의의 의미를
> 나타낼 경우 자주 사용되는 표현이다.

Ⓑ 好的ᵀ。你喝不喝饮料?

Ⓐ 嗯。谢谢ᵀ。

> 감사함을 나타내는 인사말이다. 이에 응대하는 '천만에요', '아닙
> 니다', '뭘요'라는 의미의 표현으로는 '不客气。 Bú kèqi.',
> '不谢。 Bú xiè.', '没事儿。 Méi shìr.' 등이 있다.

A	(너희) 아빠 엄마는 집에 계셔?
B	아빠는 회사에 계시고, 엄마는 학교에 계셔.
A	(그분들이) 모두 안 계시는구나!
B	우리 숙제할까?
A	아니, 먼저 게임하자.
B	좋아. (너) 음료수 마실래?
A	응. 고마워.

	wèn	问	동 묻다, 질문하다
	dú	读	동 (소리 내어) 읽다
	xiǎng	想	동 생각하다, 그리워하다
	jiào	叫	동 (소리쳐) 부르다
	tuī	推	동 밀다
	lā	拉	동 끌다, 당기다

☑ **Finish!** 다음 문장을 중국어로 바꿔 말해 보세요.

❶ 아버지는 회사에 계십니다.　　❷ 그들이 삽니까?

❸ 그들이 읽습니다.　　❹ 그가 문을 밉니다.

Xuésheng wèn.	学生问。	학생이 질문합니다.
Tāmen dú.	他们读。	그들이 읽습니다.
Māma xiǎng jiā.	妈妈想家。	엄마가 집을 그리워하세요.
Bàba jiào nǐ.	爸爸叫你。	아빠가 너를 부르신다.
Tā tuī mén.	他推门。	그가 문을 밉니다.
Nǐ lā wǒ, wǒ lā nǐ.	你拉我，我拉你。	너는 나를 당겨, 나는 너를 당길게.

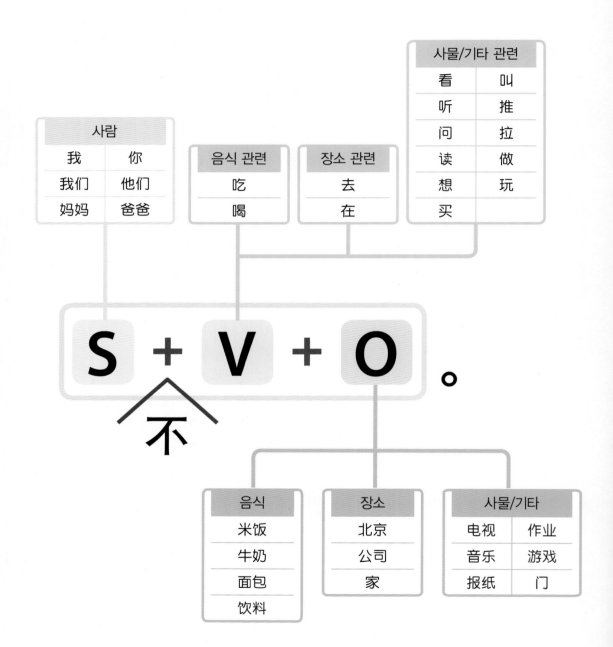

Qīnshǔ chēnghū gē 亲属称呼歌

03-07

Bàba de bàba jiào shénme?　爸爸的爸爸叫什么？

Bàba de bàba jiào yéye.　爸爸的爸爸叫爷爷。

Bàba de māma jiào shénme?　爸爸的妈妈叫什么？

Bàba de māma jiào nǎinai.　爸爸的妈妈叫奶奶。

Bàba de gēge jiào shénme?　爸爸的哥哥叫什么？

Bàba de gēge jiào bófù.　爸爸的哥哥叫伯父。

Bàba de dìdi jiào shénme?　爸爸的弟弟叫什么？

Bàba de dìdi jiào shūshu.　爸爸的弟弟叫叔叔。

Bàba de jiěmèi jiào shénme?　爸爸的姐妹叫什么？

Bàba de jiěmèi jiào gūgu.　爸爸的姐妹叫姑姑。

Māma de bàba jiào shénme?　妈妈的爸爸叫什么？

Māma de bàba jiào wàigōng.　妈妈的爸爸叫外公。

Māma de māma jiào shénme?　妈妈的妈妈叫什么？

Māma de māma jiào wàipó.　妈妈的妈妈叫外婆。

Māma de xiōngdì jiào shénme?　妈妈的兄弟叫什么？

Māma de xiōngdì jiào jiùjiu.　妈妈的兄弟叫舅舅。

Māma de jiěmèi jiào shénme?　妈妈的姐妹叫什么？

Māma de jiěmèi jiào āyí.　妈妈的姐妹叫阿姨。

친족 명칭 부르기 노래

아빠의 아빠는 뭐라고 불러?

아빠의 아빠는 할아버지라고 불러.

아빠의 엄마는 뭐라고 불러?

아빠의 엄마는 할머니라고 불러.

아빠의 형은 뭐라고 불러?

아빠의 형은 큰아빠라고 불러.

아빠의 남동생은 뭐라고 불러?

아빠의 남동생은 삼촌이라고 불러.

아빠의 누나나 여동생은 뭐라고 불러?

아빠의 누나나 여동생은 고모라고 불러.

엄마의 아빠는 뭐라고 불러?

엄마의 아빠는 외할아버지라고 불러.

엄마의 엄마는 뭐라고 불러?

엄마의 엄마는 외할머니라고 불러.

엄마의 오빠나 남동생은 뭐라고 불러?

엄마의 오빠나 남동생은 외삼촌이라고 불러.

엄마의 언니나 여동생은 뭐라고 불러?

엄마의 언니나 여동생은 이모라고 불러.

Chapter
04

你去哪儿？

학습 내용

Pattern 01

Nǐ qù nǎr?

Nǐ qù nǎr?

Nǐ zhù nǎr?

Nǐ zài nǎr?

Jiějie huí nǎr?

Dìdi zuò nǎr?

Mèimei kàn nǎr?

Wǒ qù Běijīng.

Wǒ zhù Shǒu'ěr.

你去哪儿?

Q

你去哪儿?	당신은 어디 가요?
你住哪儿?	너는 어디에 사니?
你在哪儿?	당신 어디에요? (어디에 계세요?)
姐姐回哪儿?	언니가 어디로 돌아가요?
弟弟坐哪儿?	남동생은 어디에 앉아요?
妹妹看哪儿?	여동생이 어디를 보나요?

A

我去北京。	나는 베이징에 가요.
我住首尔。	나는 서울에 살아.

Nǐ mǎi shénme?

Q

Nǐ mǎi shénme?

Nǐ zuò shénme?

Nǐ chī shénme?

Jiějie zhǎo shénme?

Māma chuān shénme?

Bàba diǎn shénme?

A

Wǒ mǎi cídiǎn.

Jiějie zhǎo qiánbāo.

你买什么?

Q

你买什么?   당신은 무엇을 삽니까?

你做什么?   당신은 무엇을 하세요?

你吃什么?   너는 무엇을 먹니?

姐姐找什么?   언니가 무엇을 찾아요?

妈妈穿什么?   어머니가 무엇을 입으시나요?

爸爸点什么?   아빠는 무엇을 주문하세요?

A

我买词典。   저는 사전을 삽니다.

姐姐找钱包。   언니가 지갑을 찾아요.

Shéi qù xuéxiào?

Shéi qù xuéxiào?

Shéi zhù Shǒu'ěr?

Shéi mài diànnǎo?

Shéi huídá wèntí?

Shéi zhīdào dá'àn?

Shéi dǎsǎo fángjiān?

Dìdi qù xuéxiào.

Māma dǎsǎo fángjiān.

谁去学校？

Q

谁去学校？

누가 학교에 가요?

谁住首尔？

누가 서울에 사나요?

谁卖电脑？

누가 컴퓨터를 팝니까?

谁回答问题？

누가 질문에 대답할래?

谁知道答案？

누가 답을 알고 있나요?

谁打扫房间？

누가 방을 청소하니?

A

弟弟去学校。

남동생이 학교에 가요.

妈妈打扫房间。

엄마가 방을 청소하셔.

Rhythmic Chinese ♪

앞에서 배운 내용을 박자에 맞춰 신나게 읽어 보세요!

Zhù nǎr? Zhù nǎr?	住哪儿？住哪儿？
Nǐ zhù nǎr?	你住哪儿？
Shǒu'ěr, Shǒu'ěr, Shǒu'ěr.	首尔，首尔，首尔。
Wǒ zhù shǒu'ěr.	我住首尔。

Qù nǎr? Qù nǎr?	去哪儿？去哪儿？
Nǐ qù nǎr?	你去哪儿？
Gōngsī, gōngsī, gōngsī.	公司，公司，公司。
Wǒ qù gōngsī.	我去公司。

Mǎi shénme? Mǎi shénme?	买什么？买什么？
Nǐ mǎi shénme?	你买什么？
Miànbāo, miànbāo, miànbāo.	面包，面包，面包。
Wǒ mǎi miànbāo.	我买面包。

회화의 한어병음과 한자를 정확하게 읽어 보세요.

Ⓐ Nǐ bú qù xuéxiào ma?

Ⓑ Wǒ bú qù xuéxiào, qù péngyou jiā.

Ⓐ Péngyou jiā zài nǎr?

Ⓑ Tā jiā zài xuéxiào fùjìn, bù yuǎn.

Ⓐ Nǐmen dǎsuàn zuò shénme?

Ⓑ Wǒmen dǎsuàn kàn diànyǐng.

ⓐ 你不去学校吗ᵀ?

'不…吗?'는 '~하지 않나요?'라는 의미로, 대체로 예외적인 상황이 발생했을 때 사용한다.
예 你不吃饭吗? 너 밥 안 먹니?

ⓑ 我不去学校，去朋友家。

ⓐ 朋友家在哪儿?

ⓑ 他家在学校附近，不远。

ⓐ 你们打算ᴳ做什么?

ⓑ 我们打算看电影。

A 너 학교 안 가?

B 나 학교 안 가고, 친구 집에 가.

A 친구 집이 어디에 있는데?

B 걔네(그의) 집은 학교 근처에 있어, 멀지 않아.

A 너희들 뭐 할 생각이야(계획이야)?

B 우리 영화 볼 생각이야(보려고 해).

	chāoshì	超市	몡 슈퍼마켓
	yīyuàn	医院	몡 병원
	túshūguǎn	图书馆	몡 도서관
	bīnguǎn	宾馆	몡 호텔, 게스트하우스
	xǐshǒujiān	洗手间	몡 화장실
	chúfáng	厨房	몡 부엌, 주방

Wǒ qù chāoshì.	我去超市。	나는 슈퍼마켓에 간다.
Dìdi bú qù yīyuàn.	弟弟不去医院。	남동생은 병원에 가지 않아.
Tāmen qù túshūguǎn.	他们去图书馆。	그들이 도서관에 간다.
Shéi qù bīnguǎn?	谁去宾馆？	누가 호텔에 가나요?
Shéi zài xǐshǒujiān?	谁在洗手间？	누가 화장실에 있지?
Bàba zài chúfáng.	爸爸在厨房。	아빠는 부엌에 계세요.

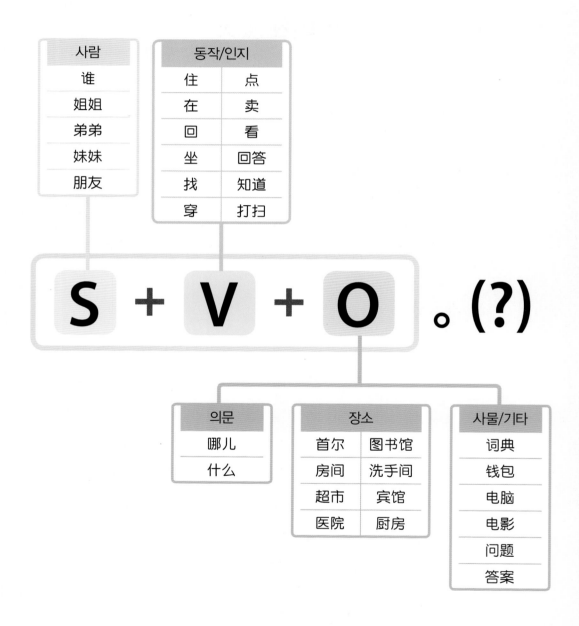

사람
谁
姐姐
弟弟
妹妹
朋友

동작/인지	
住	点
在	卖
回	看
坐	回答
找	知道
穿	打扫

S + V + O 。(?)

의문
哪儿
什么

장소	
首尔	图书馆
房间	洗手间
超市	宾馆
医院	厨房

사물/기타
词典
钱包
电脑
电影
问题
答案

04-07

Tàiyáng zài lántiān
太阳在蓝天

Tàiyáng zài lántiān,
太阳在蓝天,

yuèliang huí jiāyuán.
月亮回家园。

Xiǎohé rù dàhǎi,
小河入大海,

niǎo'ér qù qīngshān.
鸟儿去青山。

태양은 파란 하늘에 있네

태양은 파란 하늘에 있고,
달은 자기 집으로 돌아가네.
시냇물은 바다로 흘러가고,
새는 푸른 숲으로 날아가네.

我吃了。

Pattern 01

Wǒ chī le.

我吃了。

Pattern 02

Wǒ méi chī.

我没吃。

Pattern 03

Nǐ chī le méiyǒu?

你吃了没有？

Wǒ chī le.

Wǒ chī le.

Tā zǒu le.

Wǒ dào le.

Wǒ kū le.

Tā míngbai le.

Tā jiéhūn le.

Tā shēngqì le.

Tā tóngyì le.

我吃了。

我吃了。　　　　　　제가 먹었어요.

她走了。　　　　　　그녀가 갔어요.

我到了。　　　　　　나 도착했어.

我哭了。　　　　　　제가 울었어요.

他明白了。　　　　　그는 (확실히) 이해했어요.

他结婚了。　　　　　그가 결혼했어요.

他生气了。　　　　　그가 화를 냈어.

他同意了。　　　　　그가 동의했어요.

Wǒ méi chī.

Wǒ méi chī.

Tā méi zǒu.

Tā méi dào.

Wǒ méi kū.

Tā méi míngbai.

Tā méi jiéhūn.

Tā méi shēngqì.

Tā méi tóngyì.

我没吃。

05-02

我没吃。　　　　　저는 먹지 않았어요.

她没走。　　　　　그녀는 가지 않았어요.

他没到。　　　　　그는 도착하지 않았어.

我没哭。　　　　　저는 울지 않았어요.

他没明白。　　　　그는 이해하지 못했어요.

他没结婚。　　　　그는 결혼하지 않았어요.

他没生气。　　　　그는 화내지 않았어.

他没同意。　　　　그는 동의하지 않았어요.

Nǐ chī le méiyǒu?

Nǐ chī le méiyǒu?

Tā zǒu le méiyǒu?

Tā dào le méiyǒu?

Nǐ kū le méiyǒu?

Tā míngbai le méiyǒu?

Tā jiéhūn le méiyǒu?

Tā shēngqì le méiyǒu?

Tā tóngyì le méiyǒu?

你吃了没有？

你吃了没有？

당신 먹었어요? (안 먹었어요?)

她走了没有？

그녀가 갔나요? (안 갔나요?)

他到了没有？

그는 도착했니? (안 했니?)

你哭了没有？

당신 울었어요? (안 울었어요?)

他明白了没有？

그는 이해했나요? (안 했나요?)

他结婚了没有？

그는 결혼했나요? (안 했나요?)

他生气了没有？

그가 화를 냈니? (안 냈니?)

他同意了没有？

그가 동의했어요? (안 했어요?)

Rhythmic Chinese

앞에서 배운 내용을 박자에 맞춰 신나게 읽어 보세요!

Chī le ma? Chī le méiyǒu? 吃了吗？吃了没有？

Chī le, chī le, chī le. 吃了，吃了，吃了。

Hěn hǎochī. 很好吃。

Hē le ma? Hē le méiyǒu? 喝了吗？喝了没有？

Hē le, hē le, hē le. 喝了，喝了，喝了。

Hěn hǎohē. 很好喝。

Kàn le ma? Kàn le méiyǒu? 看了吗？看了没有？

Kàn le, kàn le, kàn le. 看了，看了，看了。

Hěn hǎokàn. 很好看。

회화의 한어병음과 한자를 정확하게 읽어 보세요.

Ⓐ Nǐ chī le ma?

Ⓑ Hái méi chī, nǐ ne?

Ⓐ Wǒ yǐjīng chī le, dùzi hěn bǎo.

Ⓑ Shì ma? Zhège cài zěnmeyàng?

Ⓐ Yòu suān yòu tián, fēicháng hǎochī.

Ⓑ Hǎo de, nà wǒ chī zhège ba!
   Nǐ hē guǒzhī ma? Wǒ qǐng nǐ.

05-05

Ⓐ 你吃了吗?

Ⓑ 还没吃，你呢?

Ⓐ 我已经吃了，肚子很饱。

Ⓑ 是吗? 这个ᴳ菜怎么样?

Ⓐ 又酸又甜ᴳ，非常好吃ᵀ。

> '맛있다'라는 의미의 형용사로, 대부분의 음식 종류에 사용 가능하다. 음료수가 '맛있다'를 표현할 때는 '好喝 hǎohē'를 사용한다.

Ⓑ 好的，那我吃这个吧!
  你喝果汁吗? 我请你ᵀ。

> '내가 너에게 한턱낼게'라는 의미이며, 유사한 표현으로 '我请客。Wǒ qǐngkè.'가 있다. 주의할 점은 '我请客。' 뒤에 다시 목적어 '你'를 쓰면 안 된다는 것!
> 예 我请客。(○)   我请客你。(×)

A	너는 (밥) 먹었니?(식사했니?)
B	아직 안 먹었어, 너는?
A	난 이미 먹었어, 배 불러.
B	그래? 이 요리는 어때?
A	새콤하고 또 달콤해, 매우 맛있어.
B	좋아, 그럼 나 이거 먹어야지! 너 주스 마실래? 내가 살게.

kāishǐ	开始	동 시작하다
xiūxi	休息	동 쉬다, 휴식하다
lǚyóu	旅游	동 여행하다
tiàowǔ	跳舞	동 춤을 추다
yóuyǒng	游泳	동 수영하다
xǐzǎo	洗澡	동 목욕하다

Diànyǐng kāishǐ le.	电影开始了。	영화가 시작했어요.
Lǎoshī xiūxi le.	老师休息了。	선생님은 쉬셨어요.
Wǒ méi lǚyóu.	我没旅游。	나는 여행하지 않았어.
Dìdi méi tiàowǔ.	弟弟没跳舞。	남동생은 춤추지 않았어요.
Tā yóuyǒng le méiyǒu?	他游泳了没有？	그가 수영을 했나요? (안 했나요?)
Nǐmen xǐzǎo le méiyǒu?	你们洗澡了没有？	너희들은 목욕을 했니? (안 했니?)

사람	
我	我们
你	你们
他	他们
她	老师

사물
电影

没有?

S + V + 了。

没

사람/사물 관련	
吃	跳舞
走	洗澡
到	明白
哭	生气
结婚	旅游
同意	开始
休息	游泳

T
S + V + 了。
S + 没 + V。
S + V + 了没有?

05-07

Ràokǒulìng 绕口令

Wǒ shì wǒ, nǐ shì nǐ,
我是我，你是你，

wǒmen shì wǒmen, nǐmen shì nǐmen,
我们是我们，你们是你们，

wǒmen bú shì nǐmen, nǐmen bú shì wǒmen.
我们不是你们，你们不是我们。

Sì shì sì, shí shì shí,
四是四，十是十，

shísì shì shísì, sìshí shì sìshí,
十四是十四，四十是四十，

shísì bú shì sìshí, sìshí bú shì shísì.
十四不是四十，四十不是十四。

잰말놀이

나는 나, 너는 너,
우리는 우리, 너희는 너희,
우리는 너희가 아니고,
너희는 우리가 아니야.

4는 4, 10은 10,
14는 14, 40은 40,
14는 40이 아니고, 40은 14가 아니야.

Chapter

06

这是我朋友。

wǒ de péngyou

wǒ de péngyou

wǒ de tóngxué

jīntiān de bàozhǐ

wǒmen de xíngli

wǒ de fángjiān

wǒ de zuòwèi

mèimei de qiánbāo

péngyou de hùzhào

我的朋友	나의 친구(내 친구)
我的同学	나의 학교친구(내 학교 친구)
今天的报纸	오늘의 신문(오늘 신문)
我们的行李	우리의 여행 가방(우리 여행 가방)
我的房间	나의 방(내 방)
我的座位	나의 자리(내 자리)
妹妹的钱包	여동생의 지갑(여동생 지갑)
朋友的护照	친구의 여권(친구 여권)

Zhè shì wǒ péngyou.

Zhè shì wǒ péngyou.

Zhè shì wǒ tóngxué.

Nà shì jīntiān de bàozhǐ.

Nà shì wǒmen de xíngli.

Zhèr shì wǒ fángjiān.

Nàr shì wǒ de zuòwèi.

Nà bú shì mèimei de qiánbāo.

Nà bú shì péngyou de hùzhào.

这是我朋友。

这是我朋友。	이 사람이 내 친구야.
这是我同学。	이 사람이 내 학교친구예요.
那是今天的报纸。	저(그)것은 오늘 신문입니다.
那是我们的行李。	저(그)것은 우리 여행 가방이야.
这儿是我房间。	여기가 내 방이야.
那儿是我的座位。	저기가 제 자리입니다.

T

那不是妹妹的钱包。	저(그)것은 여동생의 지갑이 아니에요.
那不是朋友的护照。	저(그)것은 친구의 여권이 아니야.

Zhè bú shì wǒ péngyou, shì wǒmen lǎoshī.

Zhè bú shì wǒ péngyou, shì wǒmen lǎoshī.

Zhè bú shì wǒ tóngxué, shì wǒmen jiàoliàn.

Nà bú shì jīntiān de bàozhǐ, shì zuótiān de bàozhǐ.

Nà bú shì wǒmen de xíngli, shì biérén de xíngli.

Nà bú shì mèimei de qiánbāo, shì māma de qiánbāo.

Nà bú shì péngyou de hùzhào, shì wǒ de hùzhào.

T

Zhèr bú shì wǒ de fángjiān, shì dìdi de fángjiān.

Nàr bú shì nǐ de zuòwèi, shì wǒ de zuòwèi.

这不是我朋友，是我们老师。

06-03

这不是我朋友，
是我们老师。

이 사람은 내 친구가 아니고, 우리 선생님이야.

这不是我同学，
是我们教练。

이 사람은 제 학교친구가 아니고,
저희 코치님이에요.

那不是今天的报纸，
是昨天的报纸。

저(그)건 오늘 신문이 아니고,
어제 신문입니다.

那不是我们的行李，
是别人的行李。

저(그)것은 우리 여행 가방이 아니고,
다른 사람의 여행 가방이야.

那不是妹妹的钱包，
是妈妈的钱包。

저(그)것은 여동생의 지갑이 아니고,
엄마의 지갑이에요.

那不是朋友的护照，
是我的护照。

저(그)것은 친구의 여권이 아니고,
내 여권이야.

T

这儿不是我的房间，
是弟弟的房间。

여기는 내 방이 아니고, 남동생의 방이야.

那儿不是你的座位，
是我的座位。

저기는 당신 자리가 아니고, 제 자리입니다.

Rhythmic Chinese

앞에서 배운 내용을 박자에 맞춰 신나게 읽어 보세요!

Zhè shì shéi? Nà shì shéi? 这是谁？那是谁？

Wǒ péngyou, wǒ tóngxué. 我朋友，我同学。

Zhè shì wǒ péngyou, 这是我朋友，

nà shì wǒ tóngxué. 那是我同学。

Zhè shì shénme? Nà shì shénme? 这是什么？那是什么？

Wǒ xíngli, wǒ hùzhào. 我行李，我护照。

Zhè shì wǒ xíngli, 这是我行李，

nà shì wǒ hùzhào. 那是我护照。

Zhèr shì nǎr? Nàr shì nǎr? 这儿是哪儿？那儿是哪儿？

Wǒ fángjiān, nǐ fángjiān. 我房间，你房间。

Zhèr shì wǒ fángjiān, 这儿是我房间，

nàr shì nǐ fángjiān. 那儿是你房间。

💬 Dialogue

회화의 한어병음과 한자를 정확하게 읽어 보세요.

Ⓐ Nà shì shéi?

Ⓑ Nà shì wǒmen Hànyǔ lǎoshī.

Ⓐ Pángbiān de nánshēng shì shéi?

Ⓑ Tā shì wǒ (de) shìyǒu Xiǎo Lǐ.

Ⓐ Nàge nǚshēng shì nǐmen bān tóngxué ma?

Ⓑ Tā bú shì wǒmen bān tóngxué, shì Xiǎo Lǐ de nǚ péngyou.

Ⓐ 那是谁?

Ⓑ 那是我们汉语老师。

Ⓐ 旁边ᵀ的男生是谁?

> '旁边'은 '옆, 곁'이라는 의미를 나타내는 말로, '边'은 '변, 가장자리'를
> 의미한다. 이 '边'은 방향을 나타내는 단어와 결합하여 '前边 qiánbiān
> 앞쪽', '后边 hòubiān 뒤쪽', '左边 zuǒbiān 좌측', '右边 yòubiān 우
> 측', '上边 shàngbiān 위쪽', '下边 xiàbiān 아래쪽'과 같이 사용된다.

Ⓑ 他是我(的)ᴳ室友小李。

Ⓐ 那个ᵀ女生是你们班同学吗?

Ⓑ 她不是我们班同学, 是小李的女朋友。

> 양사 '个'는 일반적으로 모든 사람과 사물에 사용될 수 있는 양사이다.
> 지시대사 뒤에 사람이 오는 경우 반드시 그 사이에 양사 '个'를 써야 한다.
>
> 예 那个人 저(그) 사람　　　　　这个学生 이 학생
> 　　那个老师 저(그) 선생님

A　그는(저 분은) 누구야?

B　그는(저 분은) 우리 중국어 선생님이야.

A　옆의 남학생은 누구야?

B　그는 내 룸메이트 샤오리야.

A　저 여학생은 너희 반 친구니?

B　그녀는 우리 반 친구가 아니라, 샤오리의 여자친구야.

àiren	爱人	몡 아내, 남편
nǚ'ér	女儿	몡 딸
xuésheng	学生	몡 학생
shǒubiǎo	手表	몡 손목시계
bēizi	杯子	몡 컵, 잔
càidān	菜单	몡 메뉴(판)

Nà shì wǒ àiren.	那是我爱人。	저기는(저쪽은) 제 아내(남편)입니다.
Zhè shì wǒ nǚ'ér.	这是我女儿。	얘는 제 딸이에요.
Zhè bú shì wǒmen bān de xuésheng, shì tāmen bān de xuésheng.	这不是我们班的学生，是他们班的学生。	이 사람은 우리 반 학생이 아니라 그들 반 학생이다.
Zhè shì shéi de shǒubiǎo?	这是谁的手表？	이것은 누구의 시계니?
Nà shì shéi de bēizi?	那是谁的杯子？	저것은 누구의 컵인가요?
Zhè bú shì jīntiān de càidān, shì zuótiān de càidān.	这不是今天的菜单，是昨天的菜单。	이것은 오늘의 메뉴가 아니라 어제의 메뉴야.

지시/사람	
这	我
那	我们
这儿	他
那儿	她

사람 수식 관련
旁边的男生
那个女生

S + 是 + O。

不

의문	장소	사람		사물	
谁	学校	朋友	同学	报纸	行李
哪儿	房间	教练	别人	手表	杯子
什么	座位	室友	爱人	钱包	护照
		女儿	学生	菜单	

06-07

Cāi míyǔ 猜谜语

Yǒu yí ge rén,
有一个人，

tā shì nǐ fùmǔ shēng de,
他是你父母生的，

dàn tā bú shì nǐ de xiōngdìjiěmèi,
但他不是你的兄弟姐妹，

tā shì shéi?
他是谁？

수수께끼 맞히기

어떤 한 사람이 있는데,
그는 네 부모님이 낳은 자식이야.
그러나 그는 너의 형제자매가 아니야.
그럼 그는 누구일까?

답 Shì nǐ zìjǐ! 是你自己! (그건 바로 너!)

你买几本书？

학습 내용

Pattern 01

Nǐ mǎi jǐ běn shū?

你买几本书？

Pattern 02

Nǐ mǎi duōshao běn shū?

你买多少本书？

Pattern 03

Nǐ duō dà?

你多大？

Nǐ mǎi jǐ běn shū?

 Q

Nǐ mǎi jǐ běn shū?

Nǐ mǎi jǐ shuāng xié?

Nǐ mǎi jǐ kuài táng?

Nǐ mǎi jǐ jīn xiāngjiāo?

Nǐ mǎi jǐ jiàn yīfu?

Nǐ mǎi jǐ ge miànbāo?

 **A**

Wǒ mǎi sì jiàn yīfu.

Wǒ mǎi sān ge miànbāo.

你买几本书?

Q

你买几本书? 　　　　당신은 몇 권의 책을 사나요?

你买几双鞋? 　　　　너는 신발을 몇 켤레 사니?

你买几块糖? 　　　　너는 사탕을 몇 개 사니?

你买几斤香蕉? 　　　　당신은 몇 근의 바나나를 삽니까?

你买几件衣服? 　　　　너는 옷 몇 벌을 사니?

你买几个面包? 　　　　당신은 빵을 몇 개 사나요?

A

我买四件衣服。 　　　　나는 옷 네 벌을 사.

我买三个面包。 　　　　저는 빵을 세 개 사요.

Nǐ mǎi duōshao běn shū?

Q

Nǐ mǎi duōshao běn shū?

Nǐ mǎi duōshao zhāng yóupiào?

Nǐ mǎi duōshao jiàn yīfu?

Nǐ mǎi duōshao ge miànbāo?

Nǐ mǎi duōshao zhāng piào?

Zhège gāngbǐ duōshao qián?

A

Wǒ mǎi èrshí zhāng piào.

Zhège gāngbǐ wǔbǎi kuài.

Q

你买多少本书? 　　　　당신은 몇 권의 책을 삽니까?

你买多少张邮票? 　　　　너는 우표를 몇 장 사니?

你买多少件衣服? 　　　　너는 옷을 몇 벌 사니?

你买多少个面包? 　　　　당신은 몇 개의 빵을 사나요?

你买多少张票? 　　　　당신은 표를 몇 장 삽니까?

这个钢笔多少钱? 　　　　이 만년필은 얼마입니까?

A

我买二十张票。 　　　　저는 표를 20장 삽니다.

这个钢笔五百块。 　　　　이 만년필은 500위안입니다.

Nǐ duō dà?

Nǐ duō dà?

Nǐ duō gāo?

Zhège yǒu duō zhòng?

Nàge yǒu duō cháng?

Mǎlù yǒu duō kuān?

Hànjiāng yǒu duō shēn?

T

Nín duō dà niánjì?

Xūyào duō cháng shíjiān?

你多大?

你多大?   너 몇 살이니?

你多高?   너는 키가 몇이니?

这个有多重?   이것은 무게가 얼마인가요?

那个有多长?   저(그)것은 길이가 얼마인가요?

马路有多宽?   대로는(큰길은) 넓이가 얼마입니까?

汉江有多深?   한강은 깊이가 얼마입니까?

T

您多大年纪?   당신은 연세가 어떻게 되세요?

需要多长时间?   시간이 얼마나 필요한가요?

Rhythmic Chinese ♪

앞에서 배운 내용을 박자에 맞춰 신나게 읽어 보세요!

Nǐ mǎi jǐ ge? Nǐ mǎi jǐ ge?　你买几个？你买几个？

Nǐ mǎi duōshao ge?　你买多少个？

Liǎng ge, liǎng ge,　两个，两个，

wǒ mǎi liǎng ge.　我买两个。

Wǒ mǎi èrshí ge.　我买二十个。

Nǐ mǎi jǐ běn? Nǐ mǎi jǐ běn?　你买几本？你买几本？

Nǐ mǎi duōshao běn?　你买多少本？

Liǎng běn, liǎng běn,　两本，两本，

wǒ mǎi liǎng běn.　我买两本。

Wǒ mǎi èrshí běn.　我买二十本。

Nǐ mǎi jǐ zhāng? Nǐ mǎi jǐ zhāng?　你买几张？你买几张？

Nǐ mǎi duōshao zhāng?　你买多少张？

Liǎng zhāng, liǎng zhāng,　两张，两张，

wǒ mǎi liǎng zhāng.　我买两张。

Wǒ mǎi èrshí zhāng.　我买二十张。

💬 Dialogue

회화의 한어병음과 한자를 정확하게 읽어 보세요.

Ⓐ Nǐ hǎo! Wà, zhè jiàn yīfu zhēn piàoliang.

Yí jiàn duōshao qián?

Ⓑ Xiànzài dǎzhé, yí jiàn wǔshí, liǎng jiàn jiǔshí.

Ⓐ Hǎo de. Wǒ mǎi liǎng jiàn.

Ⓑ Nín shāo děng. Zhǎo nín shí kuài.

Ⓐ Lǎobǎn, nín zhīdào dìtiězhàn zài nǎr ma?

Zǒulù yǒu duō yuǎn?

Ⓑ Bú tài yuǎn. Dàgài xūyào wǔ fēnzhōng.

07-05

Ⓐ 你好！哇，这件衣服真漂亮。

　　一件多少钱？

Ⓑ 现在打折[Ⓣ]，一件50，两件90。

> '할인하다, 세일하다'라는 의미로 단어 사이에 숫자를 넣어 할인율을 나타낼 수 있다. 단, 숫자를 넣을 때 유의해야 할 점은 '(본래의 금액에서) 해당 숫자만큼의 가격에 판다'는 의미이므로 '**打七折**'이면 '물건값의 70%의 금액에 판다' 즉, '30% 할인한다'고 해석하면 된다.
>
> 예　打八折 20% 할인하다
> 　　打九折 10% 할인하다

Ⓐ 好的。我买两件。

Ⓑ 您稍等。找[Ⓖ]您10块。

Ⓐ 老板，您知道地铁站在哪儿吗？[Ⓣ]

　　走路有多远？

> 이 문장은 '**知道**'가 서술어인 의문문으로, '**地铁站在哪儿**'은 주술 구조로 된 빈어이다.

Ⓑ 不太[Ⓣ]远。大概需要5分钟。

> '그다지 ~하지 않다'라는 의미를 나타낸다. '**太**'의 위치에 따라 의미가 달라지니 주의할 것!
>
> 비교　不太好 그다지 좋지 않다
> 　　　太不好 너무 안 좋다

Ⓐ　안녕하세요! 와, 이 옷 정말 예쁘네요. 한 벌에 얼마예요?

Ⓑ　지금 세일(할인) 중이라 한 벌에 50위안, 두 벌에는 90위안이에요.

Ⓐ　좋아요. 제가 두 벌 살게요.

Ⓑ　잠시만요.(잠시만 기다려 주세요.) (당신께) 10위안 거슬러 드릴게요.

Ⓐ　사장님, (당신은) 지하철역이 어디에 있는지 아세요? 걸어서 얼마나 가야 해요?

Ⓑ　별로 안 멀어요. 5분 정도 걸려요.

běn	本	양 권 [책 등을 세는 양사]
jiàn	件	양 건 [옷, 사건, 일 등을 세는 양사]
kuài	块	양 덩어리, 조각 [덩어리나 조각으로 셀 수 있는 사물을 세는 양사]
zhāng	张	양 장 [종이, 침대 등 평평한 면이 있는 사물을 세는 양사]
zhī	支	양 자루 [연필, 막대 등 가늘고 긴 사물을 세는 양사]
shuāng	双	양 쌍 [짝을 이루는 사물을 세는 양사]

Zhè běn Hànyǔ shū duōshao qián?	这本汉语书多少钱?	이 중국어 책은 얼마예요?
Zhè jiàn yīfu duōshao qián?	这件衣服多少钱?	이 옷은 얼마입니까?
Zhè kuài dàngāo duōshao qián?	这块蛋糕多少钱?	이 조각케이크는 얼마예요?
Nà zhāng yóupiào liǎng kuài qián.	那张邮票2块钱。	그 우표는 2위안입니다.
Nà zhī bǐ shí'èr kuài qián.	那支笔12块钱。	그 펜은 12위안이에요.
Nà shuāng kuàizi sānshí kuài qián.	那双筷子30块钱。	저 젓가락은 30위안입니다.

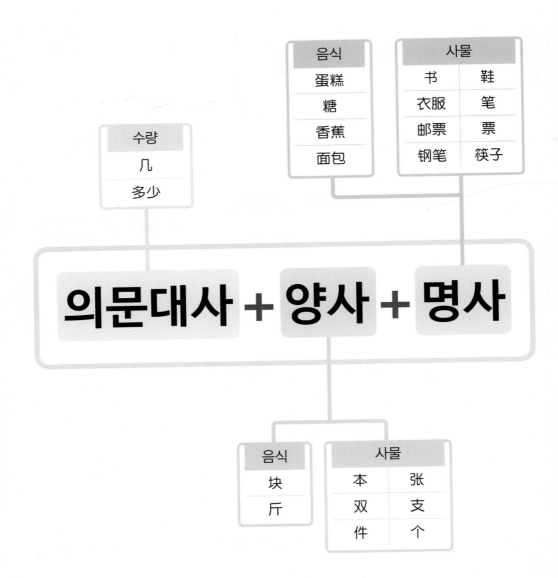

수량
几
多少

음식
蛋糕
糖
香蕉
面包

사물	
书	鞋
衣服	笔
邮票	票
钢笔	筷子

의문대사 + 양사 + 명사

음식
块
斤

사물	
本	张
双	支
件	个

07-07

Shǔ qīngwā　数青蛙

Yì zhī qīngwā,
一只青蛙，

yì zhāng zuǐ, liǎng zhī yǎnjing, sì tiáo tuǐ,
一张嘴，两只眼睛，四条腿，

pūtōng yì shēng, tiàoxià shuǐ!
扑通一声，跳下水！

Liǎng zhī qīngwā,
两只青蛙，

liǎng zhāng zuǐ, sì zhī yǎnjing, bā tiáo tuǐ,
两张嘴，四只眼睛，八条腿，

pūtōng pūtōng, tiàoxià shuǐ!
扑通扑通，跳下水！

청개구리 세기 놀이

청개구리 한 마리, 입 하나, 눈 둘, 다리 넷,
첨벙하고 물속으로 뛰어든다!
청개구리 두 마리, 입 둘, 눈 넷, 다리 여덟,
첨벙 첨벙하고 물속으로 뛰어든다!

Chapter
08

我有钱。

Pattern 01

Wǒ yǒu qián.

我有钱。

Pattern 02

Wǒ méiyǒu qián.

我没有钱。

Pattern 03

Jiàoshì li yǒu yí ge rén.

教室里有一个人。

Wǒ yǒu qián.

Wǒ yǒu qián.

Wǒ yǒu piào.

Wǒ yǒu kòngr.

Wǒ yǒu shìr.

Tā yǒu péngyou.

Tā yǒu gōngzuò.

Diànnǎo yǒu wèntí.

Jīntiān yǒu kǎoshì.

我有钱。

我有钱。 나는 돈이 있어.

我有票。 저는 표가 있어요.

我有空儿。 저는 시간이 있습니다.

我有事儿。 나는 일이 있어.

他有朋友。 그는 친구가 있어요.

他有工作。 그는 일(직업)이 있습니다.

电脑有问题。 컴퓨터에 문제가 있어.

今天有考试。 오늘은 시험이 있어요.

Wǒ méiyǒu qián.

 Wǒ méiyǒu qián.

 Wǒ méiyǒu piào.

 Wǒ méiyǒu kòngr.

 Wǒ méiyǒu shìr.

 Tā méiyǒu péngyou.

 Tā méiyǒu gōngzuò.

 Diànnǎo méiyǒu wèntí.

 Jīntiān méiyǒu kǎoshì.

我没有钱。

我没有钱。

나는 돈이 없어.

我没有票。

저는 표가 없어요.

我没有空儿。

저는 시간이 없습니다.

我没有事儿。

나는 일이 없어.

他没有朋友。

그는 친구가 없어요.

他没有工作。

그는 일(직업)이 없습니다.

电脑没有问题。

컴퓨터에는 문제가 없어.

今天没有考试。

오늘은 시험이 없어요.

Jiàoshì li yǒu yí ge rén.

Jiàoshì li yǒu **yí ge rén.**

Zhuōzi shang yǒu **yì běn shū.**

Chōuti li yǒu **yì zhī gāngbǐ.**

Fángjiān li yǒu **yì tái diànnǎo.**

Shù shang yǒu **yì zhī niǎo.**

Mén wài yǒu **yí liàng chē.**

T

Wǒ **yǒu** wǔ zhāng piào.

Wǒ **yǒu** yí jiàn shìr.

教室里有一个人。

教室里有一个人。

교실에 한 사람이(사람이 한 명) 있어요.

桌子上有一本书。

책상 위에 책 한 권이 있습니다.

抽屉里有一支钢笔。

서랍 안에 만년필 한 자루가 있어요.

房间里有一台电脑。

방안에 컴퓨터 한 대가 있다.

树上有一只鸟。

나무 위에 새 한 마리가 있어.

门外有一辆车。

문 밖에 차 한 대가 있습니다.

T

我有五张票。

저는 표가 다섯 장 있어요.

我有一件事儿。

나는 일이 하나 있어.

Rhythmic Chinese

앞에서 배운 내용을 박자에 맞춰 신나게 읽어 보세요!

Yǒu kòngr ma? Yǒu kòngr ma? 　有空儿吗？有空儿吗？

Jīntiān yǒu kòngr ma? 　今天有空儿吗？

Yǒu kòngr a, yǒu kòngr a, 　有空儿啊，有空儿啊，

jīntiān wǒ yǒu kòngr. 　今天我有空儿。

Yǒu shìr ma? Yǒu shìr ma? 　有事儿吗？有事儿吗？

Jīntiān yǒu shìr ma? 　今天有事儿吗？

Yǒu shìr a, yǒu shìr a, 　有事儿啊，有事儿啊，

jīntiān wǒ yǒu shìr. 　今天我有事儿。

Yǒu qián ma? Yǒu qián ma? 　有钱吗？有钱吗？

Xiànzài yǒu qián ma? 　现在有钱吗？

Méi qián a, méi qián a, 　没钱啊，没钱啊，

xiànzài wǒ méi qián. 　现在我没钱。

 Dialogue

회화의 한어병음과 한자를 정확하게 읽어 보세요.

Ⓐ Míngtiān nǐ yǒu méiyǒu kòngr?

Ⓑ Méiyǒu, hòutiān wǒ yǒu kǎoshì.

Ⓐ Shì ma? Tài kěxī le.

Ⓑ Nǐ yǒu shìr ma?

Ⓐ Wǒ yǒu Niǎoshū yǎnchànghuì de piào. Yìqǐ qù ba.

Ⓑ Ǹg, hǎo ba. Tā shì wǒ zuì xǐhuan de gēshǒu.
   Míngtiān wǒ kāi yèchē bei.

Ⓐ 明天你有没有空儿?

Ⓑ 没有，后天我有考试。

Ⓐ 是吗? ⓉⓉ太可惜了。

'그래?', '그래요?'의 의미로, 반문의 어기를 나타낸다. 우리말의 일상적인 구어체 중의 하나인 '정말?', '진짜?'에 해당하는 어구로 볼 수 있다.

Ⓑ 你有事儿Ⓣ吗?

중국어에서는 어떤 사건이나 사물 뒤에 '儿'을 첨가하여 '儿化'하여 쓰는 경우가 많다. 예를 들면 '哪儿 어디', '那儿 저기, 거기', '空儿 시간, 짬' 등이 자주 쓰인다.

Ⓐ 我有鸟叔演唱会的票。一起去吧。

Ⓑ 嗯，好吧。他是我最喜欢的歌手。
明天我开夜车Ⓖ呗Ⓖ。

A 내일 너 시간 있어?

B 없어, 모레 나 시험이 있거든.

A 그래? 정말 안타깝네.

B 너 일 있어?

A 나한테 싸이 공연 티켓이 있어. 같이 가자.

B 음, 좋아. 그는 내가 제일 좋아하는 가수니까. 내일 (내가) 밤새지 뭐.

	shìqing	事情	명 일, 업무
	zhǔyi	主意	명 생각, 아이디어
	xìngqù	兴趣	명 흥미, 재미
	jīhuì	机会	명 기회
	shuǐpíng	水平	명 수준
	huìyì	会议	명 회의

Jīntiān yǒu yí jiàn zhòngyào de shìqing.	今天有一件重要的事情。	오늘 중요한 일이 하나 있다.
Wǒ yǒu yí ge hǎo zhǔyi.	我有一个好主意。	제게 좋은 아이디어가 하나 있어요.
Māma méiyǒu xìngqù.	妈妈没有兴趣。	엄마는 흥미가 없으세요.
Yǐhòu méiyǒu zhème hǎo de jīhuì.	以后没有这么好的机会。	이후로 이렇게 좋은 기회는 없을 거야.
Tā shuō de huà hěn yǒu shuǐpíng.	他说的话很有水平。	그가 하는 말은 매우 수준이 있다.
Jīntiān yǒu méiyǒu huìyì?	今天有没有会议？	오늘 회의 있나요? (없나요?)

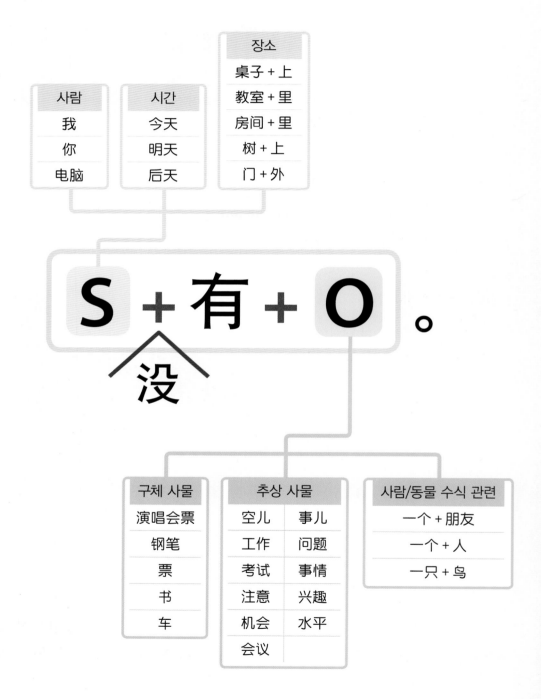

사람	시간	장소
我	今天	桌子 + 上
你	明天	教室 + 里
电脑	后天	房间 + 里
		树 + 上
		门 + 外

S + 有 + O 。

没

구체 사물	추상 사물		사람/동물 수식 관련
演唱会票	空儿	事儿	一个 + 朋友
钢笔	工作	问题	一个 + 人
票	考试	事情	一只 + 鸟
书	注意	兴趣	
车	机会	水平	
	会议		

08-07

Sì ge tóu 四个头

Tiān shang yǒu rìtou, dì xia yǒu shítou,
天上有日头，地下有石头，

zuǐ li yǒu shétou, píng kǒu yǒu sāitou.
嘴里有舌头，瓶口有塞头。

Tiān shang shì rìtou bú shì shítou,
天上是日头不是石头，

dì xia shì shítou bú shì rìtou,
地下是石头不是日头，

zuǐ li shì shétou bú shì sāitou,
嘴里是舌头不是塞头，

píng kǒu shì sāitou bú shì shétou.
瓶口是塞头不是舌头。

네 개의 머리

하늘에는 태양이 있고, 땅에는 돌이 있고,
입안에는 혀가 있고, 병 주둥이에는 마개가 있어.
하늘 위의 것은 태양이지 돌이 아니고, 땅 위의 것은 돌이지 태양이 아니고,
입안의 것은 혀이지 마개가 아니고, 병 주둥이의 것은 마개이지 혀가 아니야.

你几点睡觉？

Nǐ jǐ diǎn shuìjiào?

 Q

Nǐ jǐ diǎn shuìjiào?

Nǐ jǐ diǎn qǐchuáng?

Nǐ jǐ diǎn shàngbān?

Nǐ jǐ diǎn xiàbān?

Māma jǐ diǎn zuò wǎnfàn?

Dìdi jǐ diǎn qù yùndòng?

A

Wǒ wǎnshang shí diǎn shuìjiào.

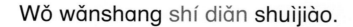

Wǒ shàngwǔ jiǔ diǎn shàngbān.

你几点睡觉？

Q

你几点睡觉？　　　당신은 몇 시에 잠을 자요?

你几点起床？　　　당신은 몇 시에 일어나요?

你几点上班？　　　너는 몇 시에 출근해?

你几点下班？　　　너는 몇 시에 퇴근해?

妈妈几点做晚饭？　　엄마는 몇 시에 저녁밥을 하세요?

弟弟几点去运动？　　남동생은 몇 시에 운동하러 가요?

A

我晚上十点睡觉。　　저는 밤 10시에 잠을 자요.

我上午九点上班。　　나는 오전 9시에 출근해.

Nǐmen shénme shíhou fàngjià?

Q

Nǐmen shénme shíhou fàngjià?

Nǐ shénme shíhou shuāyá?

Nǐ shénme shíhou xǐ yīfu?

Tāmen shénme shíhou chūfā?

Nǐ shénme shíhou qù Xiānggǎng?

Tāmen shénme shíhou jiéhūn?

A

Wǒ xià ge yuè qù Xiānggǎng.

Tāmen míngnián jiéhūn.

你们什么时候放假?

Q

你们什么时候放假?　　　너희는 언제 방학해?

你什么时候刷牙?　　　너는 언제 이를 닦니?

你什么时候洗衣服?　　　당신은 언제 옷을 세탁합니까?

他们什么时候出发?　　　그들은 언제 출발해요?

你什么时候去香港?　　　너는 언제 홍콩에 가니?

他们什么时候结婚?　　　그들은 언제 결혼해?

A

我下个月去香港。　　　나는 다음 달에 홍콩에 가.

他们明年结婚。　　　그들은 내년에 결혼해.

Pattern 03

Nǐ zuótiān shì jǐ diǎn shuì de?

 Q

Nǐ zuótiān shì jǐ diǎn shuì de?

Nǐ shì jǐ diǎn dào de?

Nǐ shì shénme shíhou huí de?

Nǐmen shì shénme shíhou zhǔnbèi de?

Nǐ shì shénme shíhou mǎi de?

Nǐmen shì shénme shíhou rènshi de?

A

去年

Wǒ shì qùnián mǎi de.

两年前

Wǒmen shì liǎng nián qián rènshi de.

你昨天是几点睡的?

09-03

Q

你昨天是几点睡的? 　　당신 어제 몇 시에 잔 거예요?

你是几点到的? 　　너는 몇 시에 도착한 거니?

你是什么时候回的? 　　당신 언제 돌아오신 겁니까?

你们是什么时候准备的? 　　너희들은 언제 준비한 거니?

你是什么时候买的? 　　당신은 언제 산 거예요?

你们是什么时候认识的? 　　당신들은 언제 (서로) 알게 된 거예요?

A

我是去年买的。 　　제가 작년에 산 거예요.

我们是两年前认识的。 　　우리는 2년 전에 서로 알게 된 거예요.

Rhythmic Chinese ♪

앞에서 배운 내용을 박자에 맞춰 신나게 읽어 보세요!

Jǐ diǎn? Jǐ diǎn? 　几点？几点？

Jǐ diǎn shàngkè? 　几点上课？

Bā diǎn, bā diǎn, 　八点，八点，

bā diǎn shàngkè. 　八点上课。

Jǐ diǎn? Jǐ diǎn? 　几点？几点？

Jǐ diǎn xiàkè? 　几点下课？

Wǔ diǎn, wǔ diǎn, 　五点，五点，

wǔ diǎn xiàkè. 　五点下课。

Shénme shíhou? Shénme shíhou? 　什么时候？什么时候？

Shénme shíhou shuìjiào? 　什么时候睡觉？

Shí diǎn, shí diǎn, 　十点，十点，

wǎnshang shí diǎn shuìjiào. 　晚上十点睡觉。

회화의 한어병음과 한자를 정확하게 읽어 보세요.

Ⓐ Nǐ zuótiān shì jǐ diǎn shuì de?

Ⓑ Zuótiān shí'èr diǎn cái shuì, hǎo kùn a!

Ⓐ Nà nǐ yìbān jǐ diǎn shuìjiào?

Ⓑ Wǒ yìbān shí diǎn jiù shuì.

Ⓐ Kuài qǐlái ba, yíhuìr hái yǒu kè ne.

Ⓑ Āi, wǒmen shénme shíhou fàngjià a?

Ⓐ Xià ge yuè jiù fàngjià le.

09-05

Ⓐ 你昨天是几点睡的?

Ⓑ 昨天十二点才[Ⓣ]睡，好困[Ⓣ]啊!

> 부사 '才'는 '비로소, 겨우 ~에서야'의 의미를 나타내며 시간이나 일의 진행 속도가 생각보다 늦음을 나타낸다.
>
> 예 他现在才吃饭。 그는 이제야 밥을 먹는다.

> '好'가 부사로 쓰일 때에는 형용사 앞에서 '아주, 정말로, 꽤, 매우' 등의 의미를 나타낸다. 정도의 심함을 나타내며 감탄의 어기를 띤다.
>
> 예 好香 너무 맛있다　　　好多 꽤 많다
>
> 　　好高兴 정말 기뻐요　　好幸福 너무 행복해요
>
> 　　好紧张 너무 긴장된다

Ⓐ 那你一般几点睡觉?

Ⓑ 我一般十点就[Ⓣ]睡。

> 부사 '就'는 '곧, 바로, 당장'의 뜻으로, 시간이나 일이 아주 짧은 시간 내에 이루어짐을 나타낸다. 위의 부사 '才'와는 반대 개념으로 보면 된다.
>
> 예 他就来了。 그가 바로 왔다.

Ⓐ 快起来吧，一会儿还有课呢。

Ⓑ 唉，我们什么时候放假啊?

Ⓐ 下个月就放假了[Ⓖ]。

Ⓐ　너 어제 몇 시에 잔 거니?

Ⓑ　어제 12시가 다 돼서야 잤어, 너무 피곤해!

Ⓐ　그럼 너는 보통 몇 시에 자는데?

Ⓑ　나는 보통 10시면 자.

Ⓐ　빨리 일어나, 좀 이따가 또 수업이 있잖아.

Ⓑ　아이, 우리 언제 방학하지?

Ⓐ　다음 달이면 방학이야.

	shàng ge yuè	上个月	지난달
	zhège yuè	这个月	이번 달
	shàng ge xīngqī	上个星期	지난주
	zhège xīngqī	这个星期	이번 주
	xià ge xīngqī	下个星期	다음 주
	hòutiān	后天	모레

Shàng ge yuè wǒ shēng le yí ge nǚ'ér.	上个月我生了一个女儿。	지난달에 저는 딸을 낳았어요.
Zhège yuè bàba zhǎng gōngzī le.	这个月爸爸涨工资了。	이번 달에 아빠 월급이 올랐어요.
Shàng ge xīngqī wǒ bānjiā le.	上个星期我搬家了。	지난주에 나 이사했어.
Zhège xīngqī wǒ yǒu shíxíshēng miànshì.	这个星期我有实习生面试。	이번 주에 저는 인턴 면접이 있습니다.
Xià ge xīngqī jiù fàngjià le.	下个星期就放假了。	다음 주면 방학이야.
Hòutiān tā qù Měiguó.	后天他去美国。	모레 그는 미국에 간다.

일상 생활		
睡觉	到	回
起床	放假	出发
上班	结婚	准备
下班	面试	认识
做 + 晚饭	去 + 美国	涨 + 工资
洗 + 衣服	搬 + 家	去 + 香港
刷 + 牙		

사람	
我	你
妈妈	爸爸
弟弟	我们
你们	他们

S + 시간 + V 。

是

的

의문
几点
什么时候

구체적인 시간
明年
去年
两年前
后天
晚上 + 十点
上午 + 九点
上个/这个/下个 + 星期
上个/这个/下个 + 月

나는 과연 몇 개의 단어, 또는 문장을 만들 수 있을까? 아는 만큼 만들어보자!

단어, 문장 모두 가능! → ↓ ↑ ← ↗ ↙ ↘ ↖ 모든 방향 가능!

你	忙	累	难	院	剧	歌
好	不	很	学	影	看	唱
喝	学	校	高	电	视	戏
咖	两	个	脑	兴	是	游
啡	三	杯	爱	去	吗	玩

10개 ▶	Good!
15개 ▶	Great!
20개 ▶	Wonderful!

예 **电脑**

Chapter

10

你看哪部电影？

Nǐ kàn nǎ bù diànyǐng?

 Q

 Nǐ kàn nǎ bù diànyǐng?

 Nǐ hē nǎ bēi guǒzhī?

 Nǐ chī nǎ ge píngguǒ?

 Nǐ yào nǎ kuǎn diànnǎo?

 Tā yào nǎ zhī bǐ?

 Tóngwū shì nǎ guó rén?

 A

 Wǒ kàn zhè bù diànyǐng.

 Wǒ hē nà bēi guǒzhī.

你看哪部电影?

10-01

Q

你看哪部电影？

너는 어떤 영화를 봐?

你喝哪杯果汁？

당신은 어떤 주스를 마시나요?

你吃哪个苹果？

당신은 어떤 사과를 먹나요?

你要哪款电脑？

당신은 어떤 컴퓨터를 원하시나요?

他要哪支笔？

그는 어떤 펜을 원합니까?

同屋是哪国人？

룸메이트는 어느 나라 사람이야?

A

我看这部电影。

나는 이 영화를 봐.

我喝那杯果汁。

저는 저(그) 주스를 마셔요.

Nǐ kàn shénme diànyǐng?

Nǐ kàn shénme diànyǐng?

Nǐ hē shénme guǒzhī?

Nǐ chī shénme píngguǒ?

Nǐ yào shénme diànnǎo?

Tā yào shénme bǐ?

Māma zuò shénme cài?

Wǒ kàn xǐjù piàn.

Wǒ hē cǎoméi guǒzhī.

你看什么电影?

Q

你看什么电影? 너는 무슨 영화를 보니?

你喝什么果汁? 당신은 무슨 주스를 마시나요?

你吃什么苹果? 당신은 무슨 사과를 먹나요?

你要什么电脑? (당신은) 무슨 컴퓨터를 원하시나요?

他要什么笔? 그는 무슨 펜을 원합니까?

妈妈做什么菜? 엄마가 무슨 요리를 하시나요?

A

我看喜剧片。 나는 코미디 영화를 봐.

我喝草莓果汁。 저는 딸기주스를 마셔요.

Wǒ kàn zuì xīn de.

Wǒ kàn zuì xīn de.

Wǒ hē bīngzhèn de.

Wǒ chī zuì dà de.

Wǒ yào zuì kuài de.

Tā yào hóngsè de.

Tā jiè wǔxiá de.

Bàba huàn jìnkǒu de.

Māma zuò yòu má yòu là de.

我看最新的。	나는 최신 것을 봐.
我喝冰镇的。	저는 얼음처럼 차가운 것을 마셔요.
我吃最大的。	저는 가장 큰 것을 먹어요.
我要最快的。	(저는) 제일 빠른 것을 원해요.
他要红色的。	그는 빨간색으로 된 것을 원해요.
他借武侠的。	그는 무협물을 빌려요.
爸爸换进口的。	아버지께서 수입품으로 교환합니다.
妈妈做又麻又辣的。	어머니는 맵고 알싸한 것을 만드세요.

앞에서 배운 내용을 박자에 맞춰 신나게 읽어 보세요!

Nǎ guó rén? Nǎ guó rén?	哪国人？哪国人？
Tā shì nǎ guó rén?	他(她)是哪国人？
Zhōngguórén, Zhōngguórén,	中国人，中国人，
tā shì Zhōngguórén.	他(她)是中国人。

Nǎ guó rén? Nǎ guó rén?	哪国人？哪国人？
Nǐ shì nǎ guó rén?	你是哪国人？
Hánguórén, Hánguórén,	韩国人，韩国人，
wǒ shì Hánguórén.	我是韩国人。

Nǎ běn shū? Nǎ běn shū?	哪本书？哪本书？
Nǐ mǎi nǎ běn shū?	你买哪本书？
Wǔxiá de, wǔxiá de,	武侠的，武侠的，
wǒ mǎi wǔxiá de.	我买武侠的。

Shénme shū? Shénme shū?	什么书？什么书？
Nǐ mǎi shénme shū?	你买什么书？
Hǎokàn de, hǎokàn de,	好看的，好看的，
wǒ mǎi hǎokàn de.	我买好看的。

회화의 한어병음과 한자를 정확하게 읽어 보세요.

Ⓐ Hǎokàn de diànyǐng zhēn duō a!

Ⓑ Shì a! Yǒu àiqíng piàn, xǐjù piàn, hái yǒu dòngzuò piàn.

Ⓐ Kàn shénme diànyǐng hǎo ne?

Ⓑ Wǒmen kàn àiqíng piàn ba.

Ⓐ Hǎo a! Kàn nǎ bù diànyǐng?

Ⓑ Nà bù Zhāng Guóróng yǎn de.

Ⓐ Nà jiù kàn tā ba.

10-05

Ⓐ 好看的电影真多啊！

Ⓑ 是啊！有爱情片、ᵀ喜剧片，还ᵀ有动作片。

> '顿号 dùnhào'라고 하며 문장에서 병렬관계의 단어와 구,
> 절을 나열할 때 사용한다.
> 예 我喜欢吃包子、饺子、面包。
>   나는 왕만두, 교자만두, 빵 먹는 것을 좋아한다.

Ⓐ 看什么电影好呢ᴳ？

Ⓑ 我们看爱情片吧。

> '더, 또'의 의미를 나타내는 부사로, 항목, 수량, 범위의 증가를 나타낸
> 다. 여러 가지 사물을 나열할 때 맨 마지막에 나열되는 것 바로 앞에
> 위치한다.
> 예 桌子上有一台电脑、一本书，还有一支笔。
>   책상 위에 컴퓨터 한 대, 책 한 권, 그리고 펜 한 자루가 있다.

Ⓐ 好啊！看哪部电影？

Ⓑ 那部张国荣演的。

Ⓐ 那就ᴳ看它吧。

A　재미있는 영화 진짜 많네!

B　그러게! 멜로 영화, 코미디 영화에 액션 영화도 있어.

A　무슨 영화 보면 좋을까?

B　우리 멜로 영화 보자.

A　좋아! 어떤 영화로 볼까?

B　저 장국영 나오는 거.

A　그럼 그거 보자.

	jīdàn	鸡蛋	명 계란
	pútao	葡萄	명 포도
	dàngāo	蛋糕	명 케이크
	xīhóngshì	西红柿	명 토마토
	xīguā	西瓜	명 수박
	hóngchá	红茶	명 홍차

☑**Finish!** 다음 문장을 중국어로 바꿔 말해 보세요.

10-06

❶ 아빠는 수박주스를 마셔요.

❷ 저는 저 딸기케이크 주세요.

❸ 그녀는 아이스홍차를 한 병 마셔.

❹ 엄마가 토마토계란볶음을 만드신다.

Nǐ yào nǎge jīdàn?	你要哪个鸡蛋？	너는 어떤 계란을 원해?
Nǐ mǎi nǎ zhǒng pútao?	你买哪种葡萄？	너는 어떤 포도를 사니?
Wǒ yào nà kuài cǎoméi dàngāo.	我要那块草莓蛋糕。	저는 저 딸기케이크 주세요.
Māma zuò yí ge xīhóngshì chǎo jīdàn.	妈妈做一个西红柿炒鸡蛋。	엄마가 토마토계란볶음을 만드신다.
Bàba hē yì bēi xīguā zhī.	爸爸喝一杯西瓜汁。	아빠는 수박주스를 마셔요.
Tā hē yì píng bīng hóngchá.	她喝一瓶冰红茶。	그녀는 아이스홍차를 한 병 마셔.

사물
电影
电脑
笔
书
车

음식/음료	
菜	苹果
鸡蛋	葡萄
蛋糕	西红柿
西瓜汁	红茶

동작	
看	喝
吃	要
换	借
做	

V + 什么/哪 + 양사 + O ?

사물/음식/음료 관련	
部	杯
个	款
支	种
块	瓶
本	辆

10-07

Rì yuè míng　日月明

Rì yuè míng, yú yáng xiān, xiǎo tǔ chén, xiǎo dà jiān.
日月明，鱼羊鲜，小土尘，小大尖。

Yī huǒ miè, tián lì nán, rén mù xiū, shǒu mù kàn.
一火灭，田力男，人木休，手目看。

Èr mù lín, sān mù sēn, èr rén cóng, sān rén zhòng.
二木林，三木森，二人从，三人众。

日 + 月 = 明　　鱼 + 羊 = 鲜

小
+ 　 = 尘
土

小
+ 　 = 尖
大

노래로 배우는 한자

해(日)에 달(月)을 더하면 밝을 명(明)이 되고, 물고기(鱼)에 양(羊)을 더하면 고울 선(鲜)이 되네.

작은(小) 흙(土)은 먼지 진(尘)이 되고, 큰(大)것에 작은(小) 것을 더하면 뽀족할 첨(尖)이 되네.

불(火)을 일(一)로 덮어버리면 꺼질 멸(灭)이 되고, 밭(田)에서 힘(力)을 쓰면 사내 남(男)이 되네.

사람(人)이 나무(木)에 기대면 쉴 휴(休)가 되고, 손(手)을 눈(目)에 갖다 대면 볼 간(看)이 되네.

나무(木)가 두(二) 개이면 수풀 림(林)이 되고, 나무(木)가 세(三) 개이면 우거질 삼(森)이 되네.

사람(人)이 둘(二)이면 따를 종(从)이 되고, 사람(人)이 셋(三)이면 무리 중(众)이 되네.

Chapter
11
你怎么去?

학습 내용

Pattern 01

Nǐ zěnme qù?

你怎么去?

Pattern 02

Nǐ wèishéme qù chāoshì?

你为什么去超市?

Pattern 03

Nǐ qù chāoshì mǎi shénme?

你去超市买什么?

Nǐ zěnme qù?

 Q

Nǐ zěnme qù?

Nǐ zěnme hē?

Nǐ zěnme zuò?

Nǐ zěnme xiě?

Zhège zěnme chī?

Nàge zěnme kàn?

A

Wǒ zuò chē qù.

Wǒ yòng sháo hē.

你怎么去?

Q

你怎么去?	너는 어떻게 가?
你怎么喝?	당신은 어떻게 마셔요?
你怎么做?	당신은 어떻게 합니까?
你怎么写?	너는 어떻게 써?
这个怎么吃?	이건 어떻게 먹나요?
那个怎么看?	저(그)건 어떻게 봐?

A

我坐车去。	나는 차를 타고 가.
我用勺喝。	저는 숟가락으로 마셔요.

Nǐ wèishénme qù chāoshì?

Q

Nǐ wèishénme qù chāoshì?

Nǐ wèishénme qù shūdiàn?

Nǐ wèishénme qù yínháng?

Nǐ wèishénme qù yóujú?

Nǐ wèishénme méi lái?

Nǐ wèishénme méi zuò?

A

Wǒ qù chāoshì mǎi dōngxi.

Wǒ qù shūdiàn mǎi zázhì.

你为什么去超市?

11-02

Q

你为什么去超市?　　　　　당신은 왜 슈퍼마켓에 가나요?

你为什么去书店?　　　　　당신은 왜 서점에 가나요?

你为什么去银行?　　　　　너는 왜 은행에 가니?

你为什么去邮局?　　　　　너는 왜 우체국에 가니?

你为什么没来?　　　　　당신은 왜 오지 않았나요?

你为什么没做?　　　　　당신은 왜 하지 않았습니까?

A

我去超市买东西。　　　　　저는 슈퍼마켓에 물건을 사러 가요.

我去书店买杂志。　　　　　저는 서점에 잡지를 사러 가요.

Nǐ qù chāoshì mǎi shénme?

Q

Nǐ qù chāoshì mǎi shénme?

Nǐ qù shūdiàn gàn shénme?

Nǐ qù yínháng zuò shénme?

Nǐ qù yóujú zuò shénme?

Māma shàng jiē gàn shénme?

Bàba kāichē qù nǎr?

A

Māma shàng jiē mǎi yīfu.

Bàba kāichē qù gōngsī.

你去超市买什么?

11-03

Q

你去超市买什么?	당신은 슈퍼마켓에 가서 무엇을 사나요?
你去书店干什么?	당신은 서점에 무엇을 하러 가나요?
你去银行做什么?	너는 은행에 가서 무엇을 하니?
你去邮局做什么?	너는 우체국에 무엇을 하러 가니?
妈妈上街干什么?	엄마는 거리로 나가서 무엇을 하셔?
爸爸开车去哪儿?	아빠는 운전을 해서 어디로 가시나요?

A

妈妈上街买衣服。	엄마는 거리로 나가서 옷을 사셔.
爸爸开车去公司。	아빠는 운전을 해서 회사에 가십니다.

Rhythmic Chinese

♪

앞에서 배운 내용을 박자에 맞춰 신나게 읽어 보세요!

Chāoshì, chāoshì,	超市，超市，
wǒmen qù chāoshì.	我们去超市。
Zěnme qù? Zěnme qù?	怎么去? 怎么去?
Wǒmen zěnme qù?	我们怎么去?
Zuò chē qù, zuò chē qù,	坐车去，坐车去，
wǒmen zuò chē qù.	我们坐车去。

Shūdiàn, shūdiàn,	书店，书店，
wǒmen qù shūdiàn.	我们去书店。
Zěnme qù? Zěnme qù?	怎么去? 怎么去?
Wǒmen zěnme qù?	我们怎么去?
Kāichē qù, kāichē qù,	开车去，开车去，
wǒmen kāichē qù.	我们开车去。

회화의 한어병음과 한자를 정확하게 읽어 보세요.

Ⓐ Yíhuìr nǐ qù nǎr?

Ⓑ Wǒ gēn mèimei qù shūdiàn.

Ⓐ Nà nǐ dǎsuàn zěnme qù?

Ⓑ Shūdiàn zài jiāowài, kāichē qù bǐjiào fāngbiàn.

Ⓐ Nǐmen qù shūdiàn mǎi shénme?

Ⓑ Wǒmen qù shūdiàn mǎi jǐ běn Hànyǔ shū hé zázhì.

Ⓐ 一会儿你去哪儿？

Ⓑ 我跟 ⓖ 妹妹去书店。

Ⓐ 那你打算怎么去？

Ⓑ 书店在郊外，开车去比较方便。

Ⓐ 你们去书店买什么？

Ⓑ 我们去书店买几本汉语书和 ⓖ 杂志。

Ⓐ 이따가 너 어디에 가니?

Ⓑ 나와 여동생은 서점에 가.

Ⓐ 그럼 너 어떻게 갈 계획이니?

Ⓑ 서점이 교외에 있어서, 운전해서 가는 것이 비교적 편해.

Ⓐ 너희들 서점에 무엇을 사러 가는데?

Ⓑ 우리는 서점에 가서 중국어책과 잡지를 몇 권 살 거야.

	bàn	办	동 하다, 처리하다
	jì	寄	동 보내다, 부치다
	cún	存	동 맡기다, 저축하다
	huì	汇	동 송금하다, 입금하다
	lǐwù	礼物	명 선물
	xìnyòngkǎ	信用卡	명 신용카드

Zhè jiàn shìr zěnme bàn?	这件事儿怎么办？	이 일을 어떻게 하죠?
Nàxiē bāoguǒ zěnme jì?	那些包裹怎么寄？	저 소포들을 어떻게 부치지?
Nǐ wèishénme cún qián?	你为什么存钱？	당신은 왜 저축을 하나요?
Nǐ zhīdào zěnme huìkuǎn ma?	你知道怎么汇款吗？	너는 어떻게 입금하는지 아니?
Wǒ qù bǎihuò shāngdiàn mǎi lǐwù.	我去百货商店买礼物。	나는 백화점에 선물 사러 가.
Wǒ qù yínháng bàn xìnyòngkǎ.	我去银行办信用卡。	나 은행에 신용카드를 만들러 가.

사람

你

妈妈

爸爸

S + V₁ + V₂ 。(?)

장소 관련

去 + 超市

去 + 书店

去 + 银行

去 + 邮局

去 + 百货商店

上 + 街

开 + 车

의문

买 + 什么

干 + 什么

做 + 什么

去 + 哪儿

사물 관련

办 + 信用卡

买 + 杂志

寄 + 包裹

存 + 钱

汇 + 款

买 + 礼物

买 + 衣服

Chūn wàng 春望

- Dù Fǔ 杜甫 -

11-07

Guó pò shān hé zài, chéng chūn cǎo mù shēn.
国破山河在，城春草木深。

Gǎn shí huā jiàn lèi, hèn bié niǎo jīng xīn.
感时花溅泪，恨别鸟惊心。

Fēng huǒ lián sān yuè, jiā shū dǐ wàn jīn.
烽火连三月，家书抵万金。

Bái tóu sāo gèng duǎn, hún yù bú shèng zān.
白头搔更短，浑欲不胜簪。

춘망   -두보-

나라가 망하였어도 강산은 그대로이니 성에는 봄이 오고 초목은 우거졌구나.
시절이 한스러워 꽃에도 눈물을 뿌리고 이별이 서러워 새소리에도 마음이 놀라네.
봉화가 석 달 동안 연이어 오르니 집에서 온 편지는 만금 만큼 소중하네.
흰 머리를 긁으니 또 짧아져 다 해도 비녀를 이기지 못할 듯하네.

Chapter
12

我能游一百米。

Pattern 01

Wǒ néng yóu yìbǎi mǐ.

我能游一百米。

Pattern 02

Wǒ bù néng yóu yìbǎi mǐ.

我不能游一百米。

Pattern 03

Nǐ néng bu néng yóu yìbǎi mǐ?

你能不能游一百米?

Wǒ néng yóu yìbǎi mǐ.

Wǒ néng yóu yìbǎi mǐ.

Wǒ néng pǎo yì xiǎoshí.

Wǒ néng chī hěn duō wǎn.

Wǒ néng hē hěn duō píng.

Jīntiān wǒ néng kāichē.

Míngtiān wǒ néng jiàn nǐ.

Zhōuliù wǒ néng shàngbān.

Zhōumò wǒ néng qù jīchǎng.

我能游一百米。

12-01

我能游一百米。　　　　저는 100미터를 헤엄칠 수 있어요.

我能跑一小时。　　　　나는 한 시간을 뛸 수 있어.

我能吃很多碗。　　　　저는 여러 그릇을 먹을 수 있어요.

我能喝很多瓶。　　　　나는 여러 병을 마실 수 있어.

今天我能开车。　　　　오늘 저는 운전할 수 있어요.

明天我能见你。　　　　내일 나는 너를 만날 수 있어.

周六我能上班。　　　　토요일에 저는 출근할 수 있어요.

周末我能去机场。　　　주말에 제가 공항에 갈 수 있습니다.

Wǒ bù néng yóu yìbǎi mǐ.

 Wǒ bù néng yóu yìbǎi mǐ.

 Wǒ bù néng pǎo yì xiǎoshí.

 Wǒ bù néng chī hěn duō wǎn.

 Wǒ bù néng hē hěn duō píng.

 Jīntiān wǒ bù néng kāichē.

 Míngtiān wǒ bù néng jiàn nǐ.

 Zhōuliù wǒ bù néng shàngbān.

 Zhōumò wǒ bù néng qù jīchǎng.

我不能游一百米。

我不能游一百米。 저는 100미터를 헤엄칠 수 없어요.

我不能跑一小时。 나는 한 시간을 뛸 수 없어.

我不能吃很多碗。 저는 여러 그릇을 먹을 수 없어요.

我不能喝很多瓶。 나는 여러 병을 마실 수 없어.

今天我不能开车。 오늘 저는 운전할 수 없어요.

明天我不能见你。 내일 나는 너를 만날 수 없어.

周六我不能上班。 토요일에 저는 출근할 수 없어요.

周末我不能去机场。 주말에 저는 공항에 갈 수 없습니다.

Nǐ néng bu néng yóu yìbǎi mǐ?

Nǐ néng bu néng yóu yìbǎi mǐ?

Nǐ néng bu néng pǎo yì xiǎoshí?

Nǐ néng bu néng chī hěn duō wǎn?

Nǐ néng bu néng hē hěn duō píng?

Jīntiān nǐ néng bu néng kāichē?

Míngtiān nǐ néng bu néng jiàn wǒ?

Zhōuliù nǐ néng bu néng shàngbān?

Zhōumò nǐ néng bu néng qù jīchǎng?

你能不能游一百米?

12-03

你能不能游一百米?　　　　　　당신은 100미터를 헤엄칠 수 있어요?
　　　　　　　　　　　　　　　(없어요?)

你能不能跑一小时?　　　　　　너는 한 시간을 뛸 수 있어? (없어?)

你能不能吃很多碗?　　　　　　당신은 여러 그릇을 먹을 수 있어요?
　　　　　　　　　　　　　　　(없어요?)

你能不能喝很多瓶?　　　　　　너는 여러 병을 마실 수 있니? (없니?)

今天你能不能开车?　　　　　　오늘 당신은 운전할 수 있어요? (없어요?)

明天你能不能见我?　　　　　　내일 너는 나를 만날 수 있어? (없어?)

周六你能不能上班?　　　　　　토요일에 당신은 출근할 수 있어요?
　　　　　　　　　　　　　　　(없어요?)

周末你能不能去机场?　　　　　주말에 당신은 공항에 갈 수 있습니까?
　　　　　　　　　　　　　　　(없습니까?)

Rhythmic Chinese ♪

앞에서 배운 내용을 박자에 맞춰 신나게 읽어 보세요!

Zuò shénme? Zuò shénme? 做什么？做什么？

Nǐ néng zuò shénme? 你能做什么？

Nǐ néng yóuyǒng ma? 你能游泳吗？

Néng yóu, néng yóu, néng yóu, 能游，能游，能游，

wǒ néng yóu yìbǎi mǐ. 我能游一百米。

Zuò shénme? Zuò shénme? 做什么？做什么？

Nǐ néng zuò shénme? 你能做什么？

Nǐ néng hē jiǔ ma? 你能喝酒吗？

Néng hē, néng hē, néng hē, 能喝，能喝，能喝，

wǒ néng hē hěn duō píng. 我能喝很多瓶。

Zuò shénme? Zuò shénme? 做什么？做什么？

Nǐ néng zuò shénme? 你能做什么？

Nǐ néng chī fàn ma? 你能吃饭吗？

Néng chī, néng chī, néng chī, 能吃，能吃，能吃，

wǒ néng chī hěn duō wǎn. 我能吃很多碗。

회화의 한어병음과 한자를 정확하게 읽어 보세요.

Ⓐ Wǎnshang nǐ néng lái jiē wǒ ma?

Ⓑ Jīntiān wǒ de chē xiànxíng, suǒyǐ bù néng qù jiē nǐ.

Ⓐ Zhīdào le.

Nà wǒ jīntiān dǎchē huíqù ba.

Wǒ xiànzài qù chāoshì mǎi kǎochì, nǐ néng chī jǐ ge?

Ⓑ Wǒ zhōngwǔ méi chī fàn, néng chī wǔ liù ge.

Ⓐ Hǎo de, píjiǔ ne? Néng hē jǐ píng?

Ⓑ Jīntiān bù néng hē jiǔ, wǒ gǎnmào le.

Ⓐ 晚上你能来接我吗？

Ⓑ 今天我的车限行，所以ᵀ不能去接你。

> '그러므로, 따라서, 그래서'의 의미로, 인과관계를 나타내는 접속사이다.
>
> 예 明天我有考试，所以我不能去玩儿。
> 내일 내가 시험이 있어서 (그래서) 나는 놀러갈 수 없어.

Ⓐ 知道了。
　 那ᵀ我今天打车回去吧。
　 我现在去超市买烤翅，你能吃几个？

> '그렇다면'의 의미로, 앞 문장을 이어받아 자신의 의견이나 생각을 나타낼 때 주로 사용하는 접속사이다.
>
> 예 你不去，那我自己去。
> 네가 안 간다면 그럼 나 혼자 갈게.

Ⓑ 我中午没吃饭，能吃五六个ᴳ。

Ⓐ 好的，啤酒呢？能喝几瓶？

Ⓑ 今天不能喝酒，我感冒了。

Ａ 저녁에 너 나 마중 나올 수 있어?

Ｂ 오늘 내 차가 운행할 수 없는 날이라, 너를 마중 나갈 수 없어.

Ａ 알았어. 그럼 내가 오늘은 택시를 타고 돌아갈게.
　 나 지금 슈퍼마켓에 버팔로윙 사러 가는데, 너 몇 개 먹을 수 있어?

Ｂ 내가 점심에 밥을 안 먹어서, 대여섯 개 먹을 수 있어.

Ａ 좋아, 맥주는? 몇 병 마실 수 있어?

Ｂ 오늘 술을 마실 수 없어, 나 감기 걸렸거든.

	kànjiàn	看见	图 보다, 보이다
	wánchéng	完成	图 완성하다
	cānjiā	参加	图 참가하다
	jiànmiàn	见面	图 만나다, 얼굴을 보다
	bāngmáng	帮忙	图 일을 돕다, 도와주다
	jiābān	加班	图 초과근무하다, 야근하다

☑ **Finish!** 다음 문장을 중국어로 바꿔 말해 보세요.

❶ 오늘 밤에 당신은 야근할 수 있나요? (없나요?) ❷ 이번 주말에 우리 만날 수 있어? (없어?)
❸ 그 대회에 우리가 참가할 수 있나요? ❹ 네가 지금 도와줄 수 있어?

12-06

Nǐ néng kànjiàn tāmen ma?	你能看见他们吗?	너는 그들을 볼 수 있어?
Míngtiān zǎoshang nǐ néng bu néng wánchéng?	明天早上你能不能完成?	내일 아침에 (너는) 완성할 수 있어? (없어?)
Nàge bǐsài wǒmen néng cānjiā ma?	那个比赛我们能参加吗?	그 대회에 우리가 참가할 수 있나요?
Zhège zhōumò wǒmen néng bu néng jiànmiàn?	这个周末我们能不能见面?	이번 주말에 우리 만날 수 있어? (없어?)
Nǐ xiànzài néng bāngmáng ma?	你现在能帮忙吗?	네가 지금 도와줄 수 있어?
Jīntiān wǎnshang nǐ néng bu néng jiābān?	今天晚上你能不能加班?	오늘 밤에 당신은 야근할 수 있나요? (없나요?)

사람
我
你
我们
爸爸
妈妈

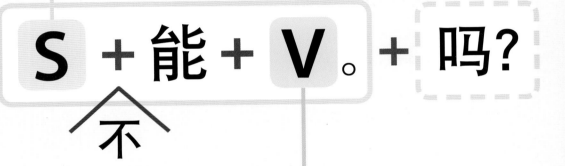

S + 能 + V。 + 吗?

不

동작	동작 수식 관련
看见	游 + 一百米
完成	跑 + 一小时
参加	喝 + 很多瓶
见面	吃 + 很多碗
帮忙	吃 + 五六个
加班	
上班	

12-07

Míyǔ 谜语

Dìdi cháng, gēge duǎn,
弟弟长，哥哥短，

liǎng rén sàipǎo dàjiā kàn.
两人赛跑大家看。

Dìdi pǎo le shí'èr quān,
弟弟跑了十二圈，

gēge yì quān cái pǎowán.
哥哥一圈才跑完。

수수께끼

동생은 크고(길고), 형은 작아(짧아)요,

두 사람이 달리기하는 것을 모두가 보고 있어요.

동생은 열두 바퀴를 달렸는데,

형은 한 바퀴를 겨우 다 돌았어요.

답 钟表 zhōngbiǎo 시계

퍼펙트 중국어 1

초판발행	2019년 3월 1일
1판 4쇄	2022년 10월 10일

저자	김현철, 유성은, 김아영, 김홍매, 권순자, 원립추
편집	최미진, 가석빈, 엄수연, 高霞
펴낸이	엄태상
디자인	진지화
콘텐츠 제작	김선웅
마케팅본부	이승욱, 왕성석, 노원준, 조성민, 이선민
경영기획	조성근, 최성훈, 정다운, 김다미, 최수진, 오희연
물류	정종진, 윤덕현, 신승진, 구윤주

펴낸곳	시사중국어사(시사북스)
주소	서울시 종로구 자하문로 300 시사빌딩
주문 및 문의	1588-1582
팩스	0502-989-9592
홈페이지	http://www.sisabooks.com
이메일	book_chinese@sisadream.com
등록일자	1988년 2월 12일
등록번호	제300 - 2014 - 89호

ISBN 979-11-5720-136-5 14720
　　　 979-11-5720-135-8 SET

퍼펙트
P·E·R·F·E·C·T
중국어
Workbook
1

시사중국어사

Chapter

01

他忙吗？

Grammar

형용사서술어문

» 주어의 상태를 나타내는 형용사가 서술어가 되는 문장이다.

구조 주어 + 형용사서술어。

- 他忙。 그는 바쁘다.
- 我饿。 나는 배고프다.

'不'자 부정문

» 서술어를 부정부사 '不'로 부정하는 문장이다. 형용사서술어 앞에 '不'를 붙인다.

구조 주어 + 不 + 형용사서술어。

- 他不忙。 그는 바쁘지 않다.
- 我不饿。 나는 배고프지 않다.

☑ **Check!** '不'의 성조 변화

» '不'는 원래 4성이지만, 뒤에 4성으로 시작하는 단어가 오면 2성으로 바꿔 읽는다.

不(bù) + 1,2,3성	不(bú) + 4성
– 他不高。Tā bù gāo.	– 我不饿。Wǒ bú è.
– 我不忙。Wǒ bù máng.	– 他不帅。Tā bú shuài.
– 她不美。Tā bù měi.	

'吗'자 의문문

» '吗'는 의문을 나타내는 어기조사로, 문장 끝에 사용해 의문문을 만들 수 있다.

구조 주어 + 형용사서술어 + 吗 ?

- 他忙吗? 그는 바빠요?
- 你饿吗? 당신 배고파요?

① 시간을 나타내는 명사

» '最近'은 시간을 나타내는 명사이며, 문장의 부사어로서 주어 앞이나 뒤, 서술어 앞에 위치한다.
- 最近他很忙。 / 他最近很忙。   그는 요즘 바쁘다.

② 정도부사 '很'

» '很'은 주로 형용사서술어를 수식하는 정도부사로, 습관적으로 붙여 쓴다.

구조	
	주어 + 很 + 형용사서술어 。

- 他很忙。   그는 바쁘다.
- 我很饿。   나는 배고프다.

☑ Check!

» '很'이 있는 형용사서술어문과 '很'이 없는 형용사서술어문의 차이는 무엇일까? '很'을 사용한 형용사서술어문은 평서문이며, '很'이 없는 형용사서술어문은 비교의 의미를 지닌다.
- 我很饿。   나는 배고프다.
- 我饿。   나는 (다른 사람에 비해) 배고프다.

③ 주어서술어문

» 서술어 부분이 주어와 서술어로 구성된 문장이다.

- 你学习忙吗?   너는 공부가 바쁘니?

你	+	学习忙	+	吗?
주어		서술어: 주어 + 서술어		어기조사

- 我学习累。   나는 공부가 힘들어.

我	+	学习累。
주어		서술어: 주어 + 서술어

Ⓐ 好久不见！ 오랜만이야!

_____

Ⓑ 好久不见！ 오랜만이다!

_____

Ⓐ 你最近好吗？ 너 요즘 잘 지내?

_____

Ⓑ 我最近很好。你呢？ 나 요즘 잘 지내고 있어. 너는?

_____

Ⓐ 我也很好。你学习忙吗？ 나도 잘 지내. (너) 공부가 바쁘니?

_____

Ⓑ 我很忙。你呢？ (나는) 매우 바빠. 너는?

_____

Ⓐ 还可以。 그럭저럭 괜찮아.

_____

✎ Free Composition 아래 단어를 이용하여 자유롭게 작문해 보세요.

累, 饿,
高, 忙

很, 不

我, 你, 他, 她

最近

冷, 热, 美, 帅

1. 아래의 문장을 읽고 문장이 올바르면 ✔, 틀리면 ✖를 표시하세요.

❶ 我最近很忙。   (   )

❷ 我最近很冷。   (   )

❸ 最近很高。   (   )

❹ 最近我很累。   (   )

❺ 他不帅。   (   )

2. 위의 단어 중 적절한 단어를 골라 문장을 만들어 보세요.

❶ _____

❷ _____

❸ _____

1. 녹음에서 들려주는 단어를 듣고 그 뜻이 그림과 일치하면 ✔, 다르면 ✖를 표시하세요. 🎧 01-09

❶   (   )   ❷   (   )   ❸   (   )

2. 녹음에서 들려주는 문장을 듣고 그 내용이 그림과 일치하면 ✔, 다르면 ✖를 표시하세요. 🎧 01-10

❶   (   )   ❷   (   )   ❸   (   )

3. 주어진 문장과 가장 관련 있는 그림을 고르세요.

❶   她很美。   (   )   ❷   他很热。   (   )

❸   小王很高兴。 (   )   ❹   小李最近很忙。 (   )

4. 보기에서 알맞은 단어를 골라 괄호 안에 넣으세요.

| 보기 | A 也 | B 饿 | C 学习 | D 呢 | E 很 |

❶ 你 （　　　）忙吗？

❷ 我也很好，你（　　　）？

❸ 他 （　　　）高。

❹ 他很冷，我（　　　）很冷。

❺ 他不（　　　）。

5. 한어병음을 보고 해당되는 단어를 괄호 안에 써 넣으세요.

❶ xiànzài　　　　　　　　（　　　　　　　）

❷ è　　　　　　　　　　　（　　　　　　　）

❸ hěn　　　　　　　　　　（　　　　　　　）

❹ máng　　　　　　　　　（　　　　　　　）

❺ měi　　　　　　　　　　（　　　　　　　）

듣고 말하기 녹음을 잘 듣고 질문에 답해 보세요. 🎧 01-11

1. 녹음을 잘 듣고 전체 문장을 따라 말해 본 후 문장을 직접 써 보세요.

❶ _____

❷ _____

❸ _____

2. 녹음을 잘 듣고 간단하게 대답해 본 후 문장을 직접 써 보세요.

❶ _____

❷ _____

❸ _____

쓰고 말하기 다음 질문에 대해 상황에 맞게 대답해 본 후 그 대답을 직접 써 보세요.

1. 你最近学习忙吗?

❶ _____

❷ _____

❸ _____

2. 你瘦吗?　　　　　　　　　　　　　　　　　　　　　　※ 瘦 shòu 혱 마르다, 여위다

❶ _____

❷ _____

❸ _____

Chapter

02

咖啡怎么样?

Grammar

| Pattern 1 | 의문대사 '怎么样' |

» '怎么样'은 사람, 사물의 특징이나 상태를 묻는 의문대사이다. 의문대사를 사용한 문장에는 의문 어기조사 '吗'는 사용하지 않는다.

| 구조 | 주어 + 怎么样? |

- 他怎么样?   그는 어때?
- 学校怎么样?   학교는 어떻습니까?

| Pattern 2 | 정도부사 + 형용사 |

» 일반적으로 형용사는 평서문에서 정도부사의 수식을 받으며, 표현하고자 하는 정도에 따라 '很', '非常', '太' 등의 다른 정도부사를 선택하여 사용한다. '很'은 가장 기본적인 정도부사로 큰 의미 없이 습관적으로 형용사 앞에 붙여 쓴다.

| 구조 | 주어 + 정도부사 + 형용사。 |

- 颜色很深。   색깔이 짙다.
- 最近非常忙。   요즘 엄청 바빠.
- 天气太暖和了。   날씨가 너무 따뜻합니다.

☑ Check!

» 정도부사 '太'는 보통 문장 끝에 '了'를 붙여 사용한다.

| Pattern 3 | 변화의 의미를 나타내는 어기조사 '了' |

» 어기조사 '了'는 문장 끝에 위치하여 다양한 의미를 나타낼 수 있는데, 그중 변화의 의미를 나타내는 것이 대표적인 용법이다.

구조	주어+ 형용사 + 了 。
	명사 + 了 。

- 咖啡凉了 。　커피가 식었습니다.
- 春天了 。　봄이 되었어요.

Dialogue ① 긍정의 어기를 나타내는 어기조사 '啊'

» '啊'는 긍정, 확신 등의 어기를 나타내는 어기조사로, '정말 그러하다'라는 의미를 강조할 때 주로 사용한다.

- 是啊，春天了，天气暖和了 。　그러게요, 봄이 돼서 날이 따뜻해졌네요.
- 是啊，味道非常好 。　맞아, 맛이 정말 좋아.

Dialogue ② 정도부사 '有点儿'

» '有点儿'은 '좀', '약간'이란 의미의 정도부사로, 주로 부정적인 감정이나 생각을 나타낸다.

구조	주어 + 정도부사 有点儿 + 형용사 。

- 今天有点儿累 。　오늘 좀 피곤해.
- 他有点儿胖 。　그는 좀 뚱뚱하다.

Dialogue ③ 정도보어 '死了'

» '死了'는 형용사서술어 뒤에 위치하여 '매우 ~하다, ~해 죽겠다'라는 극심한 정도를 나타내는 정도보어이다.

구조	주어 + 형용사 + 死了 。

- 今天热死了 。　오늘 더워 죽겠네.
- 我高兴死了 。　나는 매우 기뻐.

Ⓐ 早上好！ 좋은 아침!

_____

Ⓑ 早上好！ 굿모닝!

_____

Ⓐ 今天天气太好了。 오늘 날씨 정말 좋다.

_____

Ⓑ 是啊！ 맞아(그러게).

_____

春天了，天气暖和了。 봄이 돼서 날씨가 따뜻해졌어.

_____

Ⓐ 最近工作怎么样? 요즘 일은 어때?

_____

Ⓑ 工作有点儿多，累死了。 일이 좀 많아서, 피곤해 죽겠어.

_____

✎ Free Composition 아래 단어를 이용하여 자유롭게 작문해 보세요.

> 胖, 饱, 瘦
>
> 了
>
> 咖啡, 颜色, 味道,
> 电脑, 天气, 米饭
>
> 很, 太, 非常
>
> 暖和, 凉快,
> 晴, 阴
>
> 苦, 香, 深,
> 好, 凉, 贵
>
> 怎么样

1. 아래의 문장을 읽고 문장이 올바르면 ✔, 틀리면 ✖를 표시하세요.

   ❶ 他瘦了。 ( )

   ❷ 天气怎么样? ( )

   ❸ 咖啡很晴。 ( )

   ❹ 味道非常了。 ( )

   ❺ 电脑太贵了。 ( )

2. 위의 단어 중 적절한 단어를 골라 문장을 만들어 보세요.

   ❶ _____

   ❷ _____

   ❸ _____

🎧 Exercise 다음 듣기와 독해 문제를 풀어 보세요.

1. 녹음에서 들려주는 문장을 듣고 그 내용이 그림과 일치하면 ✔, 다르면 ✘를 표시하세요. 🎧 02-09

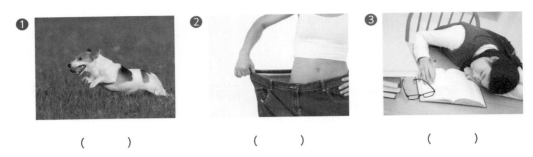

❶ (　　　)　　　❷ (　　　)　　　❸ (　　　)

2. 녹음에서 들려주는 문장을 듣고 내용과 일치하는 그림에 A, B, C를 적으세요. 🎧 02-10

❶ (　　　)　　　❷ (　　　)　　　❸ (　　　)

3. 주어진 문장과 가장 관련 있는 그림을 고르세요.

A　　　　　　　　B　　　　　　　　C

❶ 米饭非常香。　　　(　　　)

❷ 她们很高兴。　　　(　　　)

❸ 今天有点儿凉快。　(　　　)

4. 보기에서 알맞은 단어를 골라 괄호 안에 넣으세요.

보기	A 香	B 坏	C 太	D 贵	E 暖和

❶ 今天天气（　　　）好了。

❷ 春天了，天气（　　　）了。

❸ 手机非常（　　　）。

❹ 电脑（　　　）了。

❺ 味道很（　　　）。

5. 한어병음을 보고 해당되는 단어를 괄호 안에 써 넣으세요.

shēn

❶ 颜色很（　　　　　　）。

Kāfēi

❷ （　　　　　　）凉了。

yǒudiǎnr

❸ 他（　　　　　）累。

sǐ

❹ 今天热（　　　　　　）了。

듣고 말하기 녹음을 잘 듣고 질문에 답해 보세요. 🎧 02-11

1. 녹음을 잘 듣고 전체 문장을 따라 말해 본 후 문장을 직접 써 보세요.

❶ _____

❷ _____

❸ _____

2. 녹음을 잘 듣고 간단하게 대답해 본 후 문장을 직접 써 보세요.

❶ _____

❷ _____

❸ _____

쓰고 말하기 다음 질문에 대해 상황에 맞게 대답해 본 후 그 대답을 직접 써 보세요.

1. 春天天气怎么样?

❶ _____

❷ _____

❸ _____

2. 咖啡味道怎么样?

❶ _____

❷ _____

❸ _____

Chapter

03

我去北京。

Grammar

Pattern 1   동사서술어문

» 주어의 동작을 나타내는 동사가 서술어가 되는 기본 문장형식이다.

| 구조 | 주어 + 동사서술어 。 |

- 我 喝。　　나는 마셔요.
- 他们买。　그들은 사요.

» 부정문은 동사서술어 앞에 부정부사 '不'를 사용한다.

| 구조 | 주어 + 不 + 동사서술어 。 |

- 我不喝。　나는 마시지 않아요.
- 他们不买。　그들은 사지 않아요.

Pattern 2   정반의문문

» 동사서술어의 긍정과 부정 형식이 함께 쓰여 만들어진, 정반 의미를 나타내는 의문문이다. 이때 의문 어기조사 '吗'는 사용하지 않는다.

| 구조 | 주어 + 동사서술어 + 不 + 동사서술어 ？ |

- 你喝不喝？　당신은 마시나요?(안 마시나요?)
- 他们买不买？　그들은 삽니까?(안 삽니까?)

Pattern 3　　　　　　　　　주술빈 구조 문장

» 빈어를 취하는 동사서술어문의 형식으로, 빈어는 사물과 장소 모두 가능하다.

> **구조**　　　　　　　주어 + 동사서술어 + 빈어 。

- 我看电视。　저는 TV를 봐요.
- 爸爸在公司。　아버지는 회사에 계세요.

» 부정문은 동사서술어 앞에 부정부사 '不'를 사용한다.

> **구조**　　　　　　주어 + 不 + 동사서술어 + 빈어 。

- 我不看电视。　저는 TV를 안 봐요.
- 爸爸不在公司。　아버지는 회사에 안 계세요.

» 의문문은 의문 어기조사 '吗'를 문장 끝에 사용하거나 정반의문문 형식을 취할 수 있다.

> **구조**　　주어 + 동사서술어 + 빈어 + 吗 ?
> 　　　　　주어 + 동사서술어 + 不 + 동사서술어 + 빈어 ?

- 你看电视吗?　당신은 TV를 보나요?
- 你看不看电视?　당신은 TV를 보나요?(안 보나요?)

Dialogue　　　　제안·요청을 나타내는 어기조사 '吧'

» '吧'는 제안이나 요청 등의 어기를 나타내는 어기조사로, 문장 맨 끝에 위치하며 '~하자', '~해주세요' 등의 의미를 나타내고자 할 때 자주 사용된다.

- 我们先做作业吧。　우리 먼저 숙제를 하자.
- 我们先玩儿游戏吧。　우리 먼저 게임해요.

Ⓐ 你爸爸妈妈在家吗？ (너희) 아빠 엄마는 집에 계셔?

_____

Ⓑ 爸爸在公司，妈妈在学校。 아빠는 회사에 계시고, 엄마는 학교에 계셔.

_____

Ⓐ 他们都不在啊！ (그분들이) 모두 안 계시는구나!

_____

Ⓑ 我们做作业吗？ 우리 숙제할까?

_____

Ⓐ 不，先玩儿游戏吧。 아니, 먼저 게임하자.

_____

Ⓑ 好的。你喝不喝饮料？ 좋아. (너) 음료수 마실래?

_____

Ⓐ 嗯。谢谢。 응. 고마워.

_____

✏ Free Composition 아래 단어를 이용하여 자유롭게 작문해 보세요.

妈妈, 爸爸,
我们, 他们

不

米饭, 牛奶,
面包, 饮料

吃, 喝, 买, 看,
听, 读, 做, 玩

去, 在

北京, 公司,
家

电视, 音乐, 报纸,
作业, 游戏

1. 아래의 문장을 읽고 문장이 올바르면 ✔, 틀리면 ✖를 표시하세요.

❶ 他们吃米饭。   (   )

❷ 妈妈看音乐。   (   )

❸ 我们去家。   (   )

❹ 爸爸在公司。   (   )

❺ 我们不玩儿游戏。   (   )

2. 위의 단어 중 적절한 단어를 골라 문장을 만들어 보세요.

❶ _____

❷ _____

❸ _____

🎧 Exercise 다음 듣기와 독해 문제를 풀어 보세요.

1. 녹음에서 들려주는 단어를 듣고 그 뜻이 그림과 일치하면 ✔, 다르면 ✖를 표시하세요. 🎧 03-09

❶ (   ) ❷ (   ) ❸ (   )

2. 녹음에서 들려주는 문장을 듣고 그 내용이 그림과 일치하면 ✔, 다르면 ✖를 표시하세요. 🎧 03-10

❶ (   ) ❷ (   ) ❸ (   )

3. 주어진 문장과 가장 관련 있는 그림을 고르세요.

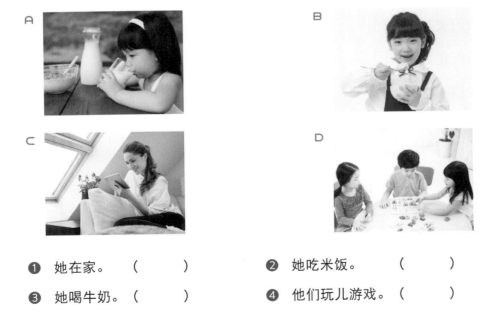

A   B

C   D

❶ 她在家。   (   )   ❷ 她吃米饭。   (   )

❸ 她喝牛奶。 (   )   ❹ 他们玩儿游戏。 (   )

4. 보기에서 알맞은 단어를 골라 괄호 안에 넣으세요.

보기	A 在	B 都	C 先	D 看	E 去

❶ 爸爸（　　　　）电视。

❷ （　　　　）玩儿游戏吧。

❸ 他们（　　　　）不在啊。

❹ 妈妈（　　　　）公司。

❺ 你爸爸妈妈（　　　　）家吗?

5. 한어병음을 보고 해당되는 단어를 괄호 안에 써 넣으세요.

Běijīng
❶ 我去（　　　　　　　）。

gōngsī
❷ 妈妈不在（　　　　　　　）。

mǎi
❸ 我（　　　　　　　）牛奶。

kàn
❹ 妈妈（　　　　　　　）报纸。

tīng
❺ 老师（　　　　　　　）音乐。

듣고 말하기 녹음을 잘 듣고 질문에 답해 보세요. 🎧 03-11

1. 녹음을 잘 듣고 전체 문장을 따라 말해 본 후 문장을 직접 써 보세요.

❶ _____

❷ _____

❸ _____

2. 녹음을 잘 듣고 간단하게 대답해 본 후 문장을 직접 써 보세요.

❶ _____

❷ _____

❸ _____

쓰고 말하기 다음 질문에 대해 상황에 맞게 대답해 본 후 그 대답을 직접 써 보세요.

1. 你玩儿游戏吗?

❶ _____

❷ _____

❸ _____

2. 你听不听中国音乐?

❶ _____

❷ _____

❸ _____

Chapter
04

你去哪儿?

Grammar

Pattern 1   장소를 묻는 의문대사 '哪儿'

» '哪儿'은 장소를 물을 때 사용하는 의문대사로 의문사의문문을 만든다. 이때 의문 어기조사 '吗'는 사용하지 않는다.

구조	주어 + 서술어 + 哪儿 ?

- 你在哪儿?　　당신 어디에요?
- 妹妹去哪儿?　　여동생이 어디에 가나요?

» 대답할 때는 '哪儿'이 쓰였던 위치에 대답에 해당하는 장소를 쓰면 된다.

구조	주어 + 서술어 + 장소 。

- 我在学校。　　저는 학교에 있어요.
- 妹妹去公司。　　여동생이 회사에 가요.

Pattern 2   사물을 묻는 의문대사 '什么'

» '什么'는 사물을 물을 때 사용하는 의문대사로 의문사의문문을 만든다. 이때 의문 어기조사 '吗'는 사용하지 않는다.

구조	주어 + 서술어 + 什么 ?

- 你吃什么?　　너는 무엇을 먹니?
- 爸爸点什么?　　아버지는 무엇을 주문합니까?

» 대답할 때는 '什么'가 쓰였던 위치에 대답에 해당하는 사물을 쓰면 된다.

구조	주어 + 서술어 + 사물 。

- 我吃饭。　　나는 밥을 먹어.
- 爸爸点咖啡。　　아버지는 커피를 주문합니다.

사람을 묻는 의문대사 '谁'

» '谁'는 사람을 물을 때 사용하는 의문대사로 의문사의문문을 만든다. 이때 의문 어기조사 '吗'는
  사용하지 않는다. '谁'는 문장에서 주어도 될 수 있고, 빈어도 될 수 있다.

> **구조**   谁 + 서술어 + 빈어 ? / 주어 + 서술어 + 谁 ?

- 谁住首尔?   누가 서울에 사나요?
- 你找谁?   당신은 누구를 찾나요?

» 대답할 때는 '谁'가 쓰였던 위치에 대답에 해당하는 사람을 쓰면 된다.

> **구조**   주어(사람) + 서술어 + 빈어 。 / 주어 + 서술어 + 빈어(사람) 。

- 老师住首尔。   선생님이 서울에 사세요.
- 我找妈妈。   저는 엄마를 찾아요.

Dialogue   동사 '打算'

» '打算'은 '~할 계획이다, ~할 생각이다'라는 의미의 동사로, 동사서술어나 동사서술어구를 빈어로
  취한다.

> **구조**   주어 + 打算 + 동사서술어 + (빈어) 。

- 我们打算去。   우리는 갈 생각이야.
- 我们打算看电影。   우리는 영화를 볼 계획이다.

Ⓐ 你不去学校吗? 너 학교 안 가?

_____

Ⓑ 我不去学校，去朋友家。 나 학교 안 가고, 친구 집에 가.

_____

Ⓐ 朋友家在哪儿? 친구 집이 어디에 있는데?

_____

Ⓑ 他家在学校附近，不远。 걔네(그의) 집은 학교 근처에 있어, 멀지 않아.

_____

Ⓐ 你们打算做什么? 너희들 뭐 할 생각이야(계획이야)?

_____

Ⓑ 我们打算看电影。 우리 영화 볼 생각이야(보려고 해).

_____

谁, 姐姐, 弟弟,
妹妹, 朋友

首尔, 房间, 超市, 医院,
图书馆, 宾馆, 洗手间, 厨房

回答, 知道, 打扫

词典, 钱包,
电影, 问题,
答案

住, 在, 回,
坐, 找, 穿, 点,
卖, 看

哪儿, 什么,
谁

1. 아래의 문장을 읽고 문장이 올바르면 ✔, 틀리면 ✘를 표시하세요.

   ❶ 谁回答问题?　　　　　　　　(　　　)

   ❷ 弟弟在答案。　　　　　　　　(　　　)

   ❸ 妹妹住哪儿?　　　　　　　　(　　　)

   ❹ 朋友回答案。　　　　　　　　(　　　)

   ❺ 姐姐看电影。　　　　　　　　(　　　)

2. 위의 단어 중 적절한 단어를 골라 문장을 만들어 보세요.

   ❶ _____

   ❷ _____

   ❸ _____

1. 녹음에서 들려주는 단어를 듣고 그 뜻이 그림과 일치하면 ✓, 다르면 ✗를 표시하세요. 🎧04-09

❶　　　　　　　　❷　　　　　　　　❸

(　　　)　　　　　　(　　　)　　　　　　(　　　)

2. 녹음에서 들려주는 문장을 듣고 내용과 일치하는 그림에 A, B, C를 적으세요. 🎧04-10

❶　　　　　　　　❷　　　　　　　　❸

(　　　)　　　　　　(　　　)　　　　　　(　　　)

3. 아래 그림을 보고 알맞은 답을 고르세요.

❶　他们在哪儿?　(　　　)

　　A 学校　　　　　B 厨房　　　　　C 公司　　　　　D 电影

❷　他们做什么?　(　　　)

　　A 打扫　　　　　B 吃饭　　　　　C 找钱包　　　　　D 买手机

4. 보기에서 알맞은 단어를 골라 괄호 안에 넣으세요.

보기	A 谁	B 什么	C 回答	D 打算	E 知道

❶ 弟弟吃（　　　　）？

❷ 我（　　　　）问题。

❸ 他们（　　　　）吃饭。

❹ （　　　　）去学校？

❺ 我不（　　　　）答案。

5. 한어병음을 보고 해당되는 단어를 괄호 안에 써 넣으세요.

　　　　　　zhù

❶ 谁（　　　　　　　　）首尔？

　　　　　　chuān

❷ 妈妈（　　　　　　　）什么？

　　　　　　　　fùjìn　　　　　　　　yuǎn

❸ 他家在学校（　　　　　　），不（　　　　　　　）。

　　　　　　péngyou

❹ 我去（　　　　　　）家。

듣고 말하기   녹음을 잘 듣고 질문에 답해 보세요. 🎧 04-11

1. 녹음을 잘 듣고 전체 문장을 따라 말해 본 후 문장을 직접 써 보세요.

❶ _____

❷ _____

❸ _____

2. 녹음을 잘 듣고 간단하게 대답해 본 후 문장을 직접 써 보세요.

❶ _____

❷ _____

❸ _____

쓰고 말하기   다음 질문에 대해 상황에 맞게 대답해 본 후 그 대답을 직접 써 보세요.

1. 你家在学校附近吗? 远吗?

❶ _____

❷ _____

❸ _____

2. 你明天做什么?

❶ _____

❷ _____

❸ _____

Chapter

05

我吃了。

Grammar

Pattern 1　　　　　동작의 완료를 나타내는 동태조사 '了'

» 동태조사 '了'는 동작이 발생하여 완료되었음을 나타내며 보통 문장에 과거를 나타내는 시간명사나
　 부사가 자주 동반된다.

구조	주어 + 동사 + 了。

- 她哭了。　그녀가 울었습니다.
- 他生气了。　그는 화났어.
- 我已经吃了。　나는 이미 먹었어.

Pattern 2　　　　　　　　동작 완료의 부정

» 동작이 아직 발생하지 않았음을 나타내며, 부정은 동사 앞에 '没'로 한다. 동태조사 '了'가 있는 문장
　 을 부정할 때에는 '没'를 쓰고 '了'는 쓰지 않는다.

구조	주어 + 没 + 동사。

- 她没哭。　그녀는 울지 않았습니다.
- 他没生气。　그는 화나지 않았어.
- 我还没吃。　나는 아직 먹지 않았어.

Pattern 3　　　　　　　동작 완료의 정반의문문

» 동작의 발생 여부를 묻는 의문문으로, 긍정과 부정 형식이 병렬로 사용되는 정반의문문 형식이다.

구조	주어 + 동사 + 了没有?

- 她哭了没有?　그녀가 울었습니까?(안 울었습니까?)
- 他生气了没有?　그는 화났어?(화나지 않았어?)
- 你吃了没有?　너는 먹었니?(안 먹었니?)

» 의문을 나타내는 의문 어기조사 '吗'를 문장 끝에 사용해서 동작 완료의 '吗'자 의문문을 만들 수도 있다.

구조	주어 + 동사 + 了 + 吗 ?

- 她哭了吗?　그녀가 울었습니까?
- 他生气了吗?　그는 화났어?
- 你吃了吗?　당신은 먹었나요?

Dialogue　　　　　① 양사

» 지시대사와 명사 사이에는 반드시 해당 명사와 어울리는 양사를 넣어야 한다.

구조	지시대사 + 양사 + 명사

- 这本书　이 책　　➡　这书 (×)
- 那部电影　저 영화　➡　那电影 (×)

Dialogue　　　　② '又A又B' 병렬복문

» 두 가지 성질이나 상태 또는 동작이 동시에 존재함을 나타낸다. '又'와 '又' 사이에는 형용사와 동사가 모두 사용 가능하나, 이 두 품사를 섞어 쓸 수는 없다.

구조	又 + A + 又 + B。

- 他又吃又喝。　그는 먹고 마신다.
- 果汁又酸又甜。　주스가 새콤달콤하다.(새콤하기도 하고 달콤하기도 하다.)

Ⓐ 你吃了吗? 너는 (밥) 먹었니?(식사했니?)

_____

Ⓑ 还没吃，你呢? 아직 안 먹었어, 너는?

_____

Ⓐ 我已经吃了，肚子很饱。 난 이미 먹었어, 배 불러.

_____

Ⓑ 是吗? 这个菜怎么样? 그래? 이 요리는 어때?

_____

Ⓐ 又酸又甜，非常好吃。 새콤하고 또 달콤해, 매우 맛있어.

_____

Ⓑ 好的，那我吃这个吧! 좋아, 그럼 나 이거 먹어야지!

_____

你喝果汁吗? 我请你。 너 주스 마실래? 내가 살게.

_____

明白, 结婚, 生气, 同意,
开始, 休息, 旅游

了

电影

我, 你, 他, 我们,
你们, 他们, 老师

没有

没

吗

吃, 走, 到, 哭,
跳舞, 游泳, 洗澡

1. 아래의 문장을 읽고 문장이 올바르면 ✔, 틀리면 ✖를 표시하세요.

❶ 我吃了。   (   )

❷ 他开始到。   (   )

❸ 你们开始了吗?   (   )

❹ 我们走电影。   (   )

❺ 他们没结婚。   (   )

2. 위의 단어 중 적절한 단어를 골라 문장을 만들어 보세요.

❶ _____

❷ _____

❸ _____

1. 녹음에서 들려주는 문장을 듣고 그 내용이 그림과 일치하면 ✔, 다르면 ✘를 표시하세요. 🎧 05-09

❶

❷

❸

(   ) (   ) (   )

2. 녹음에서 들려주는 회화를 듣고 내용과 일치하는 그림에 A, B, C를 적으세요. 🎧 05-10

❶

❷

❸

(   ) (   ) (   )

3. 주어진 문장과 가장 관련 있는 그림을 고르세요.

A

B

C

D

❶ 他生气了。 (   )   ❷ 他游泳了没有? (   )

❸ 我没哭。 (   )   ❹ 弟弟跳舞了。 (   )

4. 보기에서 알맞은 단어를 골라 괄호 안에 넣으세요.

| 보기 | A 又 | B 没有 | C 了 | D 明白 | E 那 |

❶ 他到 （　　　　） 吗?

❷ 你看了 （　　　　） ?

❸ 这个 （　　　　） 酸 （　　　　） 甜, 非常好吃。

❹ （　　　　） 我吃这个吧。

❺ 我没 （　　　　） 。

5. 한어병음을 보고 해당되는 단어를 괄호 안에 써 넣으세요.

yǐjīng

❶ 我 （　　　　　　） 吃了, 肚子很饱。

kū

❷ 你 （　　　　　　） 了吗?

qǐng

❸ 我 （　　　　　　） 你。

tóngyì

❹ 他 （　　　　　　） 了。

shēngqì

❺ 她 （　　　　　　） 了。

듣고 말하기 녹음을 잘 듣고 질문에 답해 보세요. 🎧 05-11

1. 녹음을 잘 듣고 전체 문장을 따라 말해 본 후 문장을 직접 써 보세요.

   ❶ _____

   ❷ _____

   ❸ _____

2. 녹음을 잘 듣고 간단하게 대답해 본 후 문장을 직접 써 보세요.

   ❶ _____

   ❷ _____

   ❸ _____

쓰고 말하기 다음 질문에 대해 상황에 맞게 대답해 본 후 그 대답을 직접 써 보세요.

1. 中国菜怎么样?

   ❶ _____

   ❷ _____

   ❸ _____

2. 你结婚了没有?

   ❶ _____

   ❷ _____

   ❸ _____

Chapter

06

这是我朋友。

Grammar

Pattern 1 '的'자구 ①

» 명사, 대사, 형용사, 동사(구), 주어서술어구 등의 뒤에 '的'를 써서 '的'자구를 만들 수 있다. '的'자구는 명사 앞에서 관형어가 되기도 하고, 사람이나 사물이 무엇인지 명확하게 해 주는 명사적 기능을 하기도 한다. (명사적 기능은 Chapter 10 참고)

> **구조**　　명사/대사/형용사/동사(구)/주어서술어구 + 的 + 사물/사람

- 妈妈的手机　어머니의 휴대전화　- 昨天的报纸　어제(의) 신문　→ 관형어
- 爸爸买的　아빠가 산 것　　　- 好吃的　맛있는 것　　→ 명사적 기능

Pattern 2　'是'자문

1. 동사 '是'가 서술어가 되고 뒤에 빈어를 취하는 문장이다.

> **구조**　　　주어 + 是 + 빈어 。

- 这是我朋友。　이 사람이 내 친구야.
- 那是今天的报纸。　저것은 오늘 신문이다.

2. 의문문은 문장 끝에 의문 어기조사 '吗'를 쓰고, 부정문은 동사 '是' 앞에 부정부사 '不'를 쓴다.

> **구조**　　의문문: 주어 + 是 + 빈어 + 吗 ?
> 부정문: 주어 + 不 + 是 + 빈어 。

- 这是你朋友吗?　이 사람이 네 친구이니?
- 这不是我朋友。　이 사람은 내 친구가 아니야.

3. 부정형식의 의문문은 어떠한 사실을 강조하고 확인하고자 할 때 사용하며, 부정부사 '不'를 동사 '是' 앞에 쓴 채 문장 끝에 의문 어기조사 '吗'를 쓴다. '(주어는) A인 거 아니야?'라는 의미로, A임을 강조, 확인하는 반문 어기의 의문문이다.

> **구조**　　　주어 + 不是 + A + 吗 ?

- 这不是你朋友吗?　이 사람이 네 친구 아니니?

Pattern 3   '不是A，是B'

» '不是 A，是 B' 구조는 'A가 아니라 B이다'라는 의미를 나타낸다.

구조	주어 + 不是 + A，是 + B。

- 她不是我姐姐，是我妹妹。   그녀는 제 언니(누나)가 아니라 제 여동생입니다.
- 她不是我们班同学，是小李的女朋友。
  그녀는 우리 반 친구가 아니라, 샤오리의 여자친구야.

Dialogue   인칭대사와 구조조사 '的'

1. 가까운 관계에서는 '的'를 생략할 수 있다.

구조	단수 인칭대사 + (的) + 사람

- 我妹妹(我的妹妹)   내 여동생
- 他室友(他的室友)   그의 룸메이트
- 我朋友(我的朋友)   내 친구

☑ **Check!**

> » 격식을 갖춰야 하는 관계에서는 '的'를 사용해야 한다.
>
> 我的老师   나의 선생님   他的教练   그의 코치

2. 복수 인칭대사와 사람 사이에는 가까운 관계라 하더라도 구조조사 '的'를 사용해야 한다.

구조	복수 인칭대사 + 的 + 사람

- 我们的老师   우리 선생님
- 他们的朋友   그들의 친구

3. 단수 인칭대사와 소속 사이에는 '的'를 사용해도 되지만, 복수 인칭대사와 소속 사이에서는 대개 생략한다.

구조	단수 인칭대사 + (的) + 소속 / 복수 인칭대사 + (的) + 소속

- 我(的)家   우리 집
- 我们学校   우리 학교

Ⓐ 那是谁？ 그는(저 분은) 누구야?

_____

Ⓑ 那是我们汉语老师。 그는(저 분은) 우리 중국어 선생님이야.

_____

Ⓐ 旁边的男生是谁？ 옆의 남학생은 누구야?

_____

Ⓑ 他是我(的)室友小李。 그는 내 룸메이트 샤오리야.

_____

Ⓐ 那个女生是你们班同学吗？ 저 여학생은 너희 반 친구니?

_____

Ⓑ 她不是我们班同学，是小李的女朋友。 그녀는 우리 반 친구가 아니라, 샤오리의 여자친구야.

_____

Free Composition 아래 단어를 이용하여 자유롭게 작문해 보세요.

行李, 手表,
杯子, 菜单

旁边的男生,
那个女生

学校, 房间,
座位

的

朋友, 同学, 教练,
别人, 爱人, 室友,
女儿, 学生

是

谁, 哪儿,
什么

不

这, 那, 我, 他, 她,
我们, 这儿, 那儿

1. 아래의 문장을 읽고 문장이 올바르면 ✔, 틀리면 ✖를 표시하세요.

❶ 这儿是办公室。　　　　　　　　　　（　　　）

❷ 她是学校。　　　　　　　　　　　　（　　　）

❸ 他是哪儿?　　　　　　　　　　　　（　　　）

❹ 那是谁?　　　　　　　　　　　　　（　　　）

❺ 那不是手表。　　　　　　　　　　　（　　　）

※ 办公室 bàngōngshì 몡 사무실, 오피스

2. 위의 단어 중 적절한 단어를 골라 문장을 만들어 보세요.

❶ _____

❷ _____

❸ _____

Exercise
다음 듣기와 독해 문제를 풀어 보세요.

1. 녹음에서 들려주는 문장을 듣고 그 내용이 그림과 일치하면 ✔, 다르면 ✘를 표시하세요. 🎧 06-09

　　(　　)　　　　　　　　(　　)　　　　　　　　(　　)

2. 녹음에서 들려주는 문장을 듣고 내용과 일치하는 그림에 A, B, C를 적으세요. 🎧 06-10

　　(　　)　　　　　　　　(　　)　　　　　　　　(　　)

3. 주어진 문장과 가장 관련 있는 그림을 고르세요.

A

B

C

D

❶ 这是我的汉语老师。 (　　)　　❷ 这儿是我的房间。 (　　)

❸ 这是行李。 　　　　 (　　)　　❹ 那儿是医院。 　　 (　　)

4. 보기에서 알맞은 단어를 골라 괄호 안에 넣으세요.

| 보기 | A 谁 | B 旁边 | C 学校 | D 这个 | E 这儿 |

❶ （　　　　）的男生是你同学吗？

❷ 这是（　　　　）的钱包？

❸ 那儿是（　　　　）。

❹ （　　　　）女生是我的姐姐。

❺ （　　　　）不是学校，是公司。

5. 한어병음을 보고 해당되는 단어를 괄호 안에 써 넣으세요.

bàozhǐ

❶ 这是今天的（　　　　　　）。

Pángbiān

❷ （　　　　　　）的男生是谁？

zuòwèi

❸ 这是我的（　　　　　　）。

xíngli

❹ 那是谁的（　　　　　　）？

shìyǒu

❺ 他是我（　　　　　　）。

듣고 말하기 녹음을 잘 듣고 질문에 답해 보세요. 🎧 06-11

1. 녹음을 잘 듣고 전체 문장을 따라 말해 본 후 문장을 직접 써 보세요.

❶ _____

❷ _____

❸ _____

2. 녹음을 잘 듣고 간단하게 대답해 본 후 문장을 직접 써 보세요.

❶ _____

❷ _____

❸ _____

쓰고 말하기 다음 질문에 대해 상황에 맞게 대답해 본 후 그 대답을 직접 써 보세요.

1. 你的房间怎么样?

❶ _____

❷ _____

❸ _____

2. 你的好朋友是谁?

❶ _____

❷ _____

❸ _____

Chapter
07

你买几本书?

Grammar

의문대사 '几'

» '几'는 주로 10 미만의 적은 숫자나 수량을 묻고자 할 때 사용하는 의문대사이며, 보통 의문대사와 명사 사이에는 양사를 사용한다. 이외에도 날짜, 시간 등을 물을 때 사용한다.

> **구조**   주어 + 동사 + 几 + 양사 + 명사?

- 你买几双鞋?   너는 신발 몇 켤레를 사니?
- 他吃几个面包?   그는 빵을 몇 개 먹나요?

» 대답할 때는 '几'가 쓰였던 위치에 답에 해당하는 수를 쓰면 된다.

> **구조**   주어 + 동사 + 수(10 미만) + 양사 + 명사。

- 我买一双鞋。   나는 신발 한 켤레를 사.
- 他吃三个面包。   그는 빵을 세 개 먹어요.

의문대사 '多少'

» '多少'는 주로 10 이상의 많은 숫자나 수량을 묻고자 할 때 사용하는 의문대사이며, 보통 의문대사와 명사 사이에 양사를 사용한다. 이외에도 가격이나 전화번호, 방 호수 등을 물을 때도 사용한다.

> **구조**   주어 + 동사 + 多少 + 양사 + 명사?

- 你买多少张票?   당신은 표를 몇 장 삽니까?
- 你买多少支笔?   너는 펜을 몇 자루 사니?

» 대답할 때는 '多少'가 쓰였던 위치에 답에 해당하는 수를 쓰면 된다.

> **구조**   주어 + 동사 + 수(10 이상) + 양사 + 명사。

- 我买二十张票。   저는 표를 20장 삽니다.
- 我买三十支笔。   나는 펜을 30자루 사.

의문을 나타내는 부사 '多'

» '多'는 의문문에서 정도나 수량을 묻는 부사로, '얼마나 ~한지?'의 상태를 묻는다. 대부분 일음절 형용사 앞에 쓰인다.

> **구조**　　　　　　　　　　　주어 + (有) + 多 + 형용사?

- 他多大了?　　그는 몇 살이 되었나요?
- 她有多高?　　그녀는 키가 몇이니?

☑ Check!

» '他多大了?'와 '他多大?'의 차이

두 문장의 의미는 모두 '그는 몇 살입니까?'이지만, '他多大了?'의 '了'는 변화의 어기를 나타내는 어기조사로서 '몇 살이 되었는가'라는 변화의 의미가 강조된 표현이다.

☑ Check!

» 您多大年纪? 당신은 나이(연세)가 얼마나(어떻게) 되십니까?

» 需要多长时间? 시간이 얼마나 필요한가요?

위의 두 문장은 '多大', '多长'이 각각 명사 '年纪', '时间'을 수식하는 구조로, 나이나 시간의 양을 묻는 상용 표현이다.

Dialogue

이중빈어를 취하는 동사 '找'

» 중국어의 일부 동사는 대상과 사물을 나란히 빈어로 취하는데, '找'가 바로 이와 같이 이중빈어를 취하는 동사에 해당된다. 이때 '找'는 돈을 '거슬러 주다'라는 의미를 나타낸다.

> **구조**　　　　　　　　주어 + 동사 找 + 간접빈어 + 직접빈어。

- 我找您十块。　　제가 당신에게 10위안을 거슬러 드리겠습니다.

Ⓐ 你好！哇，这件衣服真漂亮。一件多少钱？ 안녕하세요! 와, 이 옷 정말 예쁘네요. 한 벌에 얼마예요?

_____

Ⓑ 现在打折，一件50，两件90。 지금 세일(할인) 중이라 한 벌에 50위안, 두 벌에는 90위안이에요.

_____

Ⓐ 好的。我买两件。 좋아요. 제가 두 벌 살게요.

_____

Ⓑ 您稍等。找您10块。 잠시만요. (잠시만 기다려 주세요.) (당신께) 10위안을 거슬러 드릴게요.

_____

Ⓐ 老板，您知道地铁站在哪儿吗？ 사장님, (당신은) 지하철역이 어디에 있는지 아세요?

_____

走路有多远？ 걸어서 얼마나 가야 해요?

_____

Ⓑ 不太远。大概需要5分钟。 별로 안 멀어요. 5분 정도 걸려요.

_____

Free Composition   아래 단어를 이용하여 자유롭게 작문해 보세요.

你, 你们, 我,
我们, 这个, 那个

买, 有

糖, 蛋糕,
面包

几, 多少,
多

块, 斤, 本,
双, 件,
张, 支

书, 鞋, 衣服,
邮票, 票, 钢笔, 笔,
筷子, 马路

1. 아래의 문장을 읽고 문장이 올바르면 ✔, 틀리면 ✖를 표시하세요.

   ❶ 你买几个面包?   (   )

   ❷ 马路有高?   (   )

   ❸ 他们买多少张票?   (   )

   ❹ 你有多长?   (   )

   ❺ 你买几双鞋?   (   )

2. 위의 단어 중 적절한 단어를 골라 문장을 만들어 보세요.

   ❶ _____

   ❷ _____

   ❸ _____

다음 듣기와 독해 문제를 풀어 보세요.

1. 녹음에서 들려주는 단어를 듣고 그 뜻이 그림과 일치하면 ✔, 다르면 ✖를 표시하세요. 🎧07-09

❶

( )

❷

( )

❸

( )

2. 녹음에서 들려주는 문장을 듣고 내용과 일치하는 그림에 A, B, C를 적으세요. 🎧07-10

❶

( )

❷

( )

❸

( )

※ 瓶 píng 양 병

3. 주어진 문장과 가장 관련 있는 그림을 고르세요.

A

B

C

D

❶ 我买两张邮票。 ( ) ❷ 她买两双鞋。 ( )

❸ 她买几块糖。 ( ) ❹ 他们买一辆车。 ( )

※ 辆 liàng 양 대 (차량 등을 세는 양사)

4. 보기에서 알맞은 단어를 골라 괄호 안에 넣으세요.

보기	A 多	B 多深	C 多大	D 多少	E 多远

❶ 一件 （　　　） 钱?

❷ 走路有 （　　　） ?

❸ 你 （　　　） ?

❹ 你 （　　　） 高?

❺ 汉江有 （　　　） ?

5. 한어병음을 보고 해당되는 단어를 괄호 안에 써 넣으세요.

dǎzhé

❶ 现在 （　　　　　） 。

Lǎobǎn

❷ （　　　　　），您知道地铁站在哪儿吗?

piàoliang

❸ 这件衣服真 （　　　　　） 。

Dàgài

❹ （　　　　　） 需要5分钟。

děng

❺ 您稍 （　　　　　） 。

듣고 말하기 녹음을 잘 듣고 질문에 답해 보세요. 🎧 07-11

1. 녹음을 잘 듣고 전체 문장을 따라 말해 본 후 문장을 직접 써 보세요.

❶ _____

❷ _____

❸ _____

2. 녹음을 잘 듣고 간단하게 대답해 본 후 문장을 직접 써 보세요.

❶ _____

❷ _____

❸ _____

쓰고 말하기 다음 질문에 대해 상황에 맞게 대답해 본 후 그 대답을 직접 써 보세요.

1. 首尔地铁站在哪儿？走路有多远？

❶ _____

❷ _____

❸ _____

2. 你打算买鞋吗？打算买几双？

❶ _____

❷ _____

❸ _____

Chapter
08

我有钱。

Grammar

Pattern 1　　　　소유를 나타내는 동사 '有'

» '有'는 소유나 존재를 나타내는 동사로, 일반명사나 추상명사 등을 빈어로 가진다.

| 구조 | 주어 + 有 + 빈어(일반명사/추상명사) 。 |

- 我有汉语书。　나는 중국어 책이 있어.
- 他有时间。　그는 시간이 있어요.
- 电脑有问题。　컴퓨터에 문제가 있다.

Pattern 2　　　　동사 '有'의 부정

» 동사 '有'의 부정은 반드시 부정부사 '没'로 해야 하며, 동사 '有' 앞에 쓴다.

| 구조 | 주어 + 没 + 有 + 빈어 。 |

- 我没有弟弟。　나는 남동생이 없어요.
- 老师没有电脑。　선생님은 컴퓨터가 없으시다.

Pattern 3　　　　존현문을 만드는 동사 '有'

» 존현문은 어떤 사람이나 사물의 존재나 출현, 소실을 나타내는 문장으로, 장소사가 주어 자리에 위치한다.

| 구조 | 장소사 + 有 + 빈어(수사 + 양사 + 명사) 。 |

- 家里有一个人。　집안에 한 사람이(사람이 한 명) 있어요.
- 桌子上有两本词典。　책상 위에 사전 두 권이 있다.

Dialogue ① 관용표현 '开夜车'

» '밤을 새다'라는 관용 표현으로, 시험이나 급한 일을 해야 할 때 밤을 새워 한다는 의미로 자주 사용된다.

- 我昨天开夜车了。　나 어제 밤을 새웠어.
- 你昨晚又开夜车了吗?　당신 어젯밤에 또 밤샜어요?

Dialogue ② 어기조사 '呗'

» '呗'는 '~일 따름이다, ~하면 그만이다, ~하는 수밖에 없다'와 같은 의미를 나타내는 어기조사로, 사실이나 이치가 분명하여 더는 말할 필요가 없다는 뜻을 강조하고자 할 때 사용한다.

- 明天我开夜车呗。　내일 밤새지 뭐.
- 去就去呗。　갈 테면 가라지 뭐.

Ⓐ 明天你有没有空儿? 내일 너 시간 있어?

_____

Ⓑ 没有，后天我有考试。 없어, 모레 나 시험이 있거든.

_____

Ⓐ 是吗? 太可惜了。 그래? 정말 안타깝네.

_____

Ⓑ 你有事儿吗? 너 일 있어?

_____

Ⓐ 我有鸟叔演唱会的票。一起去吧。 나한테 싸이 공연 티켓이 있어. 같이 가자.

_____

Ⓑ 嗯，好吧。他是我最喜欢的歌手。 음, 좋아. 그는 내가 제일 좋아하는 가수니까.

_____

明天我开夜车呗。 내일 (내가) 밤새지 뭐.

_____

✏ Free Composition 아래 단어를 이용하여 자유롭게 작문해 보세요.

桌子上，教室里，
房间里，树上，门外

今天，
明天，后天

演唱会的票，票，
书，钢笔，车，
朋友，人，鸟，电脑

一个，一辆，一只

我，你

有，没有

空儿，事儿，工作，问题，
考试，事情，注意，兴趣，
机会，水平，会议，

1. 아래의 문장을 읽고 문장이 올바르면 ✔, 틀리면 ✖를 표시하세요.

❶ 我没有空儿。 ( )

❷ 房间里有一个人。 ( )

❸ 电脑有兴趣。 ( )

❹ 今天没有考试。 ( )

❺ 你今天有没有会议? ( )

2. 위의 단어 중 적절한 단어를 골라 문장을 만들어 보세요.

❶ _____

❷ _____

❸ _____

1. 녹음에서 들려주는 문장을 듣고 내용과 일치하는 그림에 A, B, C를 적으세요. 🎧08-09

❶    ❷    ❸

    (　　　)　　　　　　　　(　　　)　　　　　　　　(　　　)

2. 녹음에서 들려주는 문장을 듣고 일치하는 내용을 고르세요. 🎧08-10   ❶ (　　　)   ❷ (　　　)

❶   A 女的没有空儿   B 男的没有空儿

    C 他们一起看电影   D 女的不喜欢看电影

❷   A 小王在教室   B 桌子上有一本词典

    C 书是小王的   D 男的去看演唱会了

3. 그림을 보고 다음 질문에 알맞은 답을 고르세요.

❶   这儿是哪儿?　(　　　)

    A 书店   B 房间   C 洗手间   D 厨房

❷   桌子上有什么?　(　　　)

    A 有一本书   B 有两台电视   C 有一台电脑   D 有一个手机

4. 보기에서 알맞은 단어를 골라 괄호 안에 넣으세요.

보기	A 工作	B 演唱会的票	C 开夜车	D 喜欢	E 可惜

❶ 明天有考试，我打算（　　　　）。

❷ 他是我最（　　　　）的歌手。

❸ 我有鸟叔（　　　　）。

❹ 他没有（　　　　），也没有朋友。

❺ 你不去，太（　　　　）了。

5. 한어병음을 보고 해당되는 단어를 괄호 안에 써 넣으세요.

　　　　Jiàoshì

❶ （　　　　　　　　）里有一个人。

　　　　　　kòngr

❷ 明天你有没有（　　　　　　　　）？

　　　　Fángjiān

❸ （　　　　　　　　）里有一台电脑。

　　　　　　gāngbǐ

❹ 抽屉里有一支（　　　　　　　）。

　　　　　zhǔyi

❺ 我有一个好（　　　　　　　）。

듣고 말하기　녹음을 잘 듣고 질문에 답해 보세요. 🎧 08-11

1. 녹음을 잘 듣고 전체 문장을 따라 말해 본 후 문장을 직접 써 보세요.

❶ _____

❷ _____

❸ _____

2. 녹음을 잘 듣고 간단하게 대답해 본 후 문장을 직접 써 보세요.

❶ _____

❷ _____

❸ _____

쓰고 말하기　다음 질문에 대해 상황에 맞게 대답해 본 후 그 대답을 직접 써 보세요.

1. 你的房间里都有什么?

❶ _____

❷ _____

❸ _____

2. 你喜欢哪位歌手? 如果有他(她)的演唱会, 你去吗?

❶ _____

❷ _____

❸ _____

※ 位 wèi 양 분 (사람을 세는 단위, 존칭) | 如果 rúguǒ 접 만약

Chapter

09

你几点睡觉?

Grammar

Pattern 1　　시간을 묻는 표현 '几点'

» '几点'은 '몇 시'인지를 물을 때 쓰는 표현으로, 여기에서 '点'은 시각을 의미하는 명사이다.

구조　　　　　　　주어 + 几点 + 동사?

- 爸爸几点上班?　　아버지는 몇 시에 출근하시니?
- 你几点睡觉?　　너는 몇 시에 자니?

» 대답할 때는 '几点'이 쓰였던 자리에 알맞은 시간을 넣어 답하면 된다.

구조　　　　　　　주어 + 시간 + 동사。

- 爸爸七点上班。　　아버지는 7시에 출근하셔.
- 我十一点睡觉。　　나는 11시에 자.

Pattern 2　　구체적인 시간이나 대략의 때를 묻는 '什么时候'

» '什么时候'는 '언제'라는 의미로, 구체적인 시간 또는 대략의 때를 물을 때 모두 사용 가능하다.

구조　　　　　　　주어 + 什么时候 + 동사?

- 你什么时候吃饭?　　당신은 언제 식사해요?
- 老师什么时候上课?　　선생님은 언제 수업하시니?

» 대답할 때는 '什么时候'가 쓰였던 자리에 알맞은 시간을 넣으면 된다. 년도, 월, 요일 등 큰 범위에서 구체적인 시간까지 넣어 답할 수 있다.

구조　　　　　　　주어 + 시간(년도/월/요일) + 동사。

- 我下午吃饭。　　나는 오후에 식사해요.
- 老师十点上课。　　선생님은 10시에 수업하셔.

Pattern 3   '是⋯的' 구문

» '是⋯的' 구문은 이미 발생한 사건의 발생시점을 강조할 때 쓰는데, 이외에도 사람, 방법, 장소 등을 강조하기도 한다. 강조하고자 하는 내용을 '是'와 '的' 사이에 넣어 표현한다.

> **구조**　　　　　　주어 + 是 + 의문대사 + 동사 + 빈어 + 的 ?

- 他是几点到的?　　그는 몇 시에 도착한 거야?
- 这个是什么时候买的?　　이것은 언제 산 거야?

» 대답할 때는 '是⋯的' 사이에 질문에 대한 알맞은 답을 넣어 답하면 된다.

> **구조**　　　　　　　주어 + 是 + 동사 + 빈어 + 的 。

- 他是昨天晚上12点到的。　　그는 어젯밤 12시에 도착했어.
- 这个是去年买的。　　이것은 작년에 산 거야.

Dialogue   '就⋯了' 구문

» '곧 ~할 것이다'라는 표현으로, 구체적인 시간 표현과 함께 자주 사용된다.
- 他下个月就结婚了。　　그는 다음 달에 곧 결혼한다.
- 下个月就放假了。　　다음 달이면 곧 방학이야.

☑ Check!

» 비슷한 의미를 나타내는 표현으로 '快⋯了'가 있다. 그러나 이 경우에는 구체적인 시간 표현은 함께 쓰지 않는다.
- 老师快上课了。　　선생님이 이제 곧 수업을 하려고 하신다.
- 妈妈快下班了。　　어머니가 곧 퇴근하실 거예요.

Ⓐ 你昨天是几点睡的? 너 어제 몇 시에 잔 거니?

_____

Ⓑ 昨天十二点才睡，好困啊！ 어제 12시가 다 돼서야 잤어, 너무 피곤해!

_____

Ⓐ 那你一般几点睡觉? 그럼 너는 보통 몇 시에 자는데?

_____

Ⓑ 我一般十点就睡。 나는 보통 10시면 자.

_____

Ⓐ 快起来吧，一会儿还有课呢。 빨리 일어나, 좀 이따가 또 수업이 있잖아.

_____

Ⓑ 唉，我们什么时候放假啊? 아이, 우리 언제 방학하지?

_____

Ⓐ 下个月就放假了。 다음 달이면 방학이야.

_____

我, 你, 妈妈, 你们, 我们

睡觉, 起床,
上班, 下班, 做晚饭,
洗衣服, 刷牙

去香港, 去美国,
涨工资, 搬家

上个星期,
这个月,
明年, 去年

到, 回, 放假,
出发, 结婚, 准备,
面试, 认识

是…的

晚上十点, 上午九点,
后天

几点, 什么时候

1. 아래의 문장을 읽고 문장이 올바르면 ✔, 틀리면 ✖를 표시하세요.

❶ 你是几点刷牙?　　　　　　　(　　)

❷ 我昨天去香港。　　　　　　　(　　)

❸ 我这个星期放假。　　　　　　(　　)

❹ 你们什么时候搬家?　　　　　(　　)

❺ 你是几点出发的?　　　　　　(　　)

2. 위의 단어 중 적절한 단어를 골라 문장을 만들어 보세요.

❶ _____

❷ _____

❸ _____

1. 녹음에서 들려주는 단어를 듣고 그 뜻이 그림과 일치하면 ✔, 다르면 ✕를 표시하세요. 🎧 09-09

❶

❷

❸

(   )   (   )   (   )

2. 녹음에서 들려주는 문장을 듣고 그 내용이 그림과 일치하면 ✔, 다르면 ✕를 표시하세요. 🎧 09-10

❶

❷

❸

(   )   (   )   (   )

3. 주어진 문장과 가장 관련 있는 그림을 고르세요.

A

B

C

D

❶ 我是晚上7点下班的。 (   )   ❷ 我下个月去香港。 (   )

❸ 飞机什么时候出发？ (   )   ❹ 老师5月结婚。 (   )

4. 보기에서 알맞은 단어를 골라 괄호 안에 넣으세요.

| 보기 | A 是 | B 什么时候 | C 几 | D 回 | E 上个月 |

❶ 你 （　　　　） 来？

❷ 他 （　　　　） 点睡觉？

❸ 我 （　　　　） 早上8点上班的。

❹ 你几点 （　　　　） 的？

❺ 他们 （　　　　） 认识的。

5. 한어병음을 보고 해당되는 단어를 괄호 안에 써 넣으세요.

　　　　　　　yùndòng

❶ 你几点去 （　　　　　　） ？

　　　　　　xiàbān

❷ 他下午五点 （　　　　　　）。

　　　　　　fàngjià

❸ 你什么时候 （　　　　　　） ？

　　　　　　zhǔnbèi

❹ 你是什么时候 （　　　　　　） 的？

　　　　　yīfu

❺ 我晚上洗 （　　　　　　）。

듣고 말하기　녹음을 잘 듣고 질문에 답해 보세요. 🎧 09-11

1. 녹음을 잘 듣고 전체 문장을 따라 말해 본 후 문장을 직접 써 보세요.

❶ _____

❷ _____

❸ _____

2. 녹음을 잘 듣고 간단하게 대답해 본 후 문장을 직접 써 보세요.

❶ _____

❷ _____

❸ _____

쓰고 말하기　다음 질문에 대해 상황에 맞게 대답해 본 후 그 대답을 직접 써 보세요.

1. 你的手机是什么时候买的?

❶ _____

❷ _____

❸ _____

2. 你什么时候放假?

❶ _____

❷ _____

❸ _____

Chapter

10

你看哪部电影?

Grammar

Pattern 1 　　　　　　　　의문대사 '哪'와 양사

» 의문대사 '哪'는 '어느'라는 의미로, 명사와 결합할 때 그 사이에 반드시 양사를 써야 한다.

| 구조 | 의문대사 哪 + 양사 + 명사 |

- 你吃哪个苹果?　　너는 어떤 사과를 먹니?
- 他看哪本书?　　그는 어떤 책을 봐요?

» 대답할 때는 '哪'가 지칭하는 것에 알맞은 답을 넣어 답하면 된다.
- 我吃这个苹果。　　나는 이 사과를 먹어.
- 他看那本书。　　그는 저 책을 봐요.

Pattern 2 　　　　　　　　한정어로 쓰이는 '什么'

» 의문대사 '什么'는 '무엇'이라는 의미로 그 대상을 물을 때 사용되는데, 이외에 명사를 수식하는 한정어 '무슨'이라는 의미로도 사용된다.

| 구조 | 주어 + 동사 + 什么 + 명사? |

- 他要什么笔?　　그는 무슨 펜을 원하나요?
- 你买什么东西?　　당신은 무슨 물건을 삽니까?

» 대답할 때는 의문대사 '什么'에 대응되는 답을 넣어 답하면 된다.
- 他要铅笔。　　그는 연필을 원해요.
- 我买衣服。　　저는 옷을 사요.

'的'자구 ②

» 명사, 대사, 형용사, 동사(구), 주어서술어구 등의 뒤에 '的'를 써서 '~(의) 것'이라는 의미를 나타낸다. 기능은 명사와 같으며, '的'자구의 의미는 전후 문맥을 통해 명확히 알 수 있다.

> **구조** 주어 + 동사 + 명사/대사/형용사/동사(구)/주어서술어구 등 + 的。

- 我吃最大的。 나는 제일 큰 것을 먹어.
- 这是他买的。 이것은 그가 산 것이다.

Dialogue   ① 상대방의 의견을 구하는 표현 '…好呢？'

» 상대방의 의견을 구하는 표현으로 '~(하는 것)이 좋을까?'라는 의미를 나타낸다. '呢'는 어기조사로 여기서는 의문의 어기를 강조한다.
- 看什么电影好呢？   무슨 영화를 보는 것이 좋을까요?
- 喝什么果汁好呢？   무슨 주스를 마시는 것이 좋을까?

Dialogue   ② 확정적 의미를 나타내는 표현 '那就'

» 여기서 '那'는 접속사로 전환 관계를 나타내며, '就'는 '바로'라는 강조의 의미를 나타내는 부사이다. '那就'는 '그럼', '그렇다면'이라는 뜻으로, 앞의 내용에 대한 의견을 강조하며 확정적 의미를 나타낼 때 주로 사용한다.
- 那就看它吧。   그럼 그거 보자.
- 那就去中国吧。   그렇다면 중국에 가자.

Ⓐ 好看的电影真多啊！재미있는 영화 진짜 많네!

_____

Ⓑ 是啊！有爱情片、喜剧片，还有动作片。그러게! 멜로 영화, 코미디 영화에 액션 영화도 있어.

_____

Ⓐ 看什么电影好呢？무슨 영화 보면 좋을까?

_____

Ⓑ 我们看爱情片吧。우리 멜로 영화 보자.

_____

Ⓐ 好啊！看哪部电影？좋아! 어떤 영화로 볼까?

_____

Ⓑ 那部张国荣演的。저 장국영 나오는 거.

_____

Ⓐ 那就看它吧。그럼 그거 보자.

_____

的

果汁, 苹果,
鸡蛋, 葡萄, 蛋糕,
西红柿, 红茶, 菜

你, 他,
爸爸, 同屋

冰镇, 红色,
武侠, 进口

什么, 哪

部, 杯, 个, 款,
支, 种, 块, 瓶,
本, 辆

电影, 电脑,
笔, 书, 车

看, 喝, 吃,
要, 买, 是

1. 아래의 문장을 읽고 문장이 올바르면 ✔, 틀리면 ✘를 표시하세요.

❶ 你看哪部电影?　　　　　　　（　　　）

❷ 你喝哪个蛋糕?　　　　　　　（　　　）

❸ 爸爸买哪辆电脑?　　　　　　（　　　）

❹ 他要冰镇的。　　　　　　　　（　　　）

❺ 同屋买进口的。　　　　　　　（　　　）

2. 위의 단어 중 적절한 단어를 골라 문장을 만들어 보세요.

❶ _____

❷ _____

❸ _____

1. 녹음에서 들려주는 문장을 듣고 내용과 일치하는 그림에 A, B, C를 적으세요. 🎧 10-09

❶  ❷  ❸

(   )　　　　　(   )　　　　　(   )

2. 녹음에서 들려주는 문장을 듣고 일치하는 내용을 고르세요. 🎧 10-10 ❶ (   ) ❷ (   )

❶ A 男的喝咖啡　　　　　B 女的喝咖啡

   C 男的喝果汁　　　　　D 女的喝果汁

❷ A 男的买电脑　　　　　B 女的买手机

   C 女的要白色的　　　　D 男的要红色的

3. 주어진 문장과 가장 관련 있는 그림을 고르세요.

A 　　　　　B

C 　　　　　D

❶ 我要草莓蛋糕。 (   )　　❷ 你买哪款车？ (   )

❸ 我吃红苹果。 (   )　　❹ 我喝红茶。 (   )

4. 보기에서 알맞은 단어를 골라 괄호 안에 넣으세요.

보기	A 哪	B 动作	C 借	D 什么	E 换

❶ 看 （　　　　） 电影好呢?

❷ 有爱情片、喜剧片，还有（　　　　）片。

❸ 他 （　　　　） 什么书?

❹ 看 （　　　　） 部电影?

❺ 爸爸 （　　　　） 什么车?

5. 한어병음을 보고 해당되는 단어를 괄호 안에 써 넣으세요.

bīngzhèn

❶ 我喝 （　　　　　　） 的。

jìnkǒu

❷ 他买 （　　　　　　） 的。

yòu má yòu là

❸ 妈妈做 （　　　　　　） 的。

xīhóngshì

❹ 你吃那个 （　　　　　　） 。

pútao

❺ 我喝 （　　　　　　） 汁。

💬 **Speaking Practice** 녹음을 듣고 문제를 풀어 보세요.

듣고 말하기 녹음을 잘 듣고 질문에 답해 보세요. 🎧 10-11

1. 녹음을 잘 듣고 전체 문장을 따라 말해 본 후 문장을 직접 써 보세요.

❶ _____

❷ _____

❸ _____

2. 녹음을 잘 듣고 간단하게 대답해 본 후 문장을 직접 써 보세요.

❶ _____

❷ _____

❸ _____

쓰고 말하기 다음 질문에 대해 상황에 맞게 대답해 본 후 그 대답을 직접 써 보세요.

1. 你喜欢什么果汁?

❶ _____

❷ _____

❸ _____

2. 你喜欢什么电影?

❶ _____

❷ _____

❸ _____

Chapter
11

你怎么去?

Grammar

Pattern 1   의문대사 '怎么'

» '怎么'는 '어떻게'라는 의미를 나타내는 의문대사로, 동사 앞에 위치하여 방법, 상황, 이유 등을 물을 때 사용한다.

구조	주어 + 怎么 + 동사 ?

- 你怎么写?   당신은 어떻게 써요?
- 他怎么去?   그는 어떻게 가?

» 대답할 때는 '怎么'가 쓰였던 자리에 '怎么'가 물은 것에 대한 방법을 설명하는 말을 넣어 답하면 된다.
- 我用钢笔写。   저는 만년필로 써요.
- 他坐车去。   그는 차를 타고 가.

Pattern 2   이유를 묻는 의문대사 '为什么'

» '为什么'는 '왜'라는 의미로, 원인이나 목적을 물을 때 사용한다.

구조	주어 + 为什么 + 동사 + 빈어 ?

- 你为什么去书店?   너는 왜 서점에 가니?
- 他为什么不学汉语?   그는 왜 중국어를 공부하지 않나요?

» 대답할 때는 이유를 묻는 '为什么'에 대한 알맞은 답을 하면 된다.
- 我去书店买书。   나는 책을 사러 서점에 가.
- 他没有时间。   그는 시간이 없어요.

Pattern 3 연동문

» 두 개 이상의 동사가 병렬을 이루는 문장으로, 문장이 끊어지지 않고 연결된다. 동사의 순서는 동작이 일어나는 순서대로 나열한다.

> **구조**　주어 + [동사서술어❶ + 빈어❶] + [동사서술어❷ + 빈어❷] ?

- 你去书店买什么?　　당신은 서점에 가서 무엇을 사요?
- 你去餐厅吃什么?　　당신은 식당에 가서 무엇을 먹어요?

» 대답할 때는 '什么'가 쓰였던 자리에 알맞은 답을 넣어 답하면 된다.

- 我去书店买书。　　저는 서점에 가서 책을 사요.
- 我去餐厅吃中国菜。　　저는 식당에 가서 중국요리를 먹어요.

※ **餐厅** cāntīng 몡 식당, 음식점

Dialogue 접속사 '跟'과 '和'

和	둘 이상의 사람, 사물 등을 연결하는 접속사로, '~와(과)'의 의미이다.
	- 姐姐和妹妹都学汉语。　언니와 여동생이 모두 중국어를 배운다.
	- 这个和那个都很好吃。　이것과 저것 다 맛있어.
跟	'和'와 마찬가지로 연결 접속사이며, 대개 명사와 대사를 연결한다. 주로 구어에 사용된다.
	- 小李跟我都是中国人。　샤오리와 나는 모두 중국인이다.

» 셋 이상을 연결할 때 '和'는 마지막 항목 앞에 위치한다. 이때 앞의 항목을 연결하는 문장부호는 모점 '、'을 사용한다.

- 爸爸、妈妈和我　아빠, 엄마 그리고 나

Ⓐ 一会儿你去哪儿? 이따가 너 어디에 가니?

_____

Ⓑ 我跟妹妹去书店。 나와 여동생은 서점에 가.

_____

Ⓐ 那你打算怎么去? 그럼 너 어떻게 갈 계획이니?

_____

Ⓑ 书店在郊外，开车去比较方便。 서점이 교외에 있어서, 운전해서 가는 것이 비교적 편해.

_____

Ⓐ 你们去书店买什么? 너희들 서점에 무엇을 사러 가는데?

_____

Ⓑ 我们去书店买几本汉语书和杂志。 우리는 서점에 가서 중국어책과 잡지를 몇 권 살 거야.

_____

你, 妈妈, 爸爸,
这个, 那个

没

去, 喝, 写, 看, 吃,
上, 开, 买, 寄, 存,
汇, 办, 来, 做

什么, 哪儿

超市, 百货商店,
书店, 银行, 邮局,
街, 车

怎么,
为什么

衣服, 公司, 杂志, 包裹,
钱, 款, 礼物, 信用卡

1. 아래의 문장을 읽고 문장이 올바르면 ✔, 틀리면 ✗를 표시하세요.

❶ 这个怎么吃?   (   )

❷ 妈妈去百货商店买衣服。   (   )

❸ 爸爸去银行寄包裹。   (   )

❹ 你去邮局做什么?   (   )

❺ 你为什么银行?   (   )

2. 위의 단어 중 적절한 단어를 골라 문장을 만들어 보세요.

❶ _____

❷ _____

❸ _____

1. 녹음에서 들려주는 문장을 듣고 그 내용이 그림과 일치하면 ✓, 다르면 ✗를 표시하세요. 🎧 11-09

❶   (   )   ❷   (   )   ❸   (   )

2. 녹음에서 들려주는 문장을 듣고 내용과 일치하는 그림에 A, B, C를 적으세요. 🎧 11-10

❶   (   )   ❷   (   )   ❸   (   )

3. 아래 그림을 보고 알맞은 답을 고르세요.

❶   这儿是哪儿?　　(   )

   A 超市　　　　　　B 银行　　　　　　C 邮局

❷   她为什么来这儿? (   )

   A 买衣服　　　　　B 她病了　　　　　C 办信用卡

4. 보기에서 알맞은 단어를 골라 괄호 안에 넣으세요.

| 보기 | A 怎么 | B 什么 | C 邮局 | D 买东西 | E 方便 |

❶ 爸爸去超市（   ）。

❷ 你去书店做（   ）?

❸ 那个（   ）吃?

❹ 我去（   ）寄信。

❺ 书店在郊外，开车去比较（   ）。

5. 한어병음을 보고 해당되는 단어를 괄호 안에 써 넣으세요.

Yíhuìr

❶ （   ）你去哪儿?

dǎsuàn

❷ 妈妈（   ）怎么去?

bǐjiào

❸ 用勺子（   ）方便。

zázhì

❹ 我们去书店买几本（   ）。

wèishénme

❺ 你（   ）没做?

듣고 말하기 녹음을 잘 듣고 질문에 답해 보세요. 🎧 11-11

1. 녹음을 잘 듣고 전체 문장을 따라 말해 본 후 문장을 직접 써 보세요.

❶ _____

❷ _____

❸ _____

2. 녹음을 잘 듣고 간단하게 대답해 본 후 문장을 직접 써 보세요.

❶ _____

❷ _____

❸ _____

쓰고 말하기 다음 질문에 대해 상황에 맞게 대답해 본 후 그 대답을 직접 써 보세요.

1. 周末你去哪儿? 怎么去? 去做什么?

❶ _____

❷ _____

❸ _____

2. 你知道在哪儿汇款吗?

❶ _____

❷ _____

❸ _____

Chapter
12

我能游一百米。

Grammar

능원동사 '能'

» 능원동사 '能'은 동사나 동사서술어구 앞에 위치하며, 능력, 가능, 허가의 의미로 '~할 수 있다'라는 뜻을 나타낸다.

구조	주어 + 能 + 동사서술어(구)。

- 我能喝很多瓶。   나는 여러 병 마실 수 있어.
- 你能开车吗?   너 운전할 수 있어?

능원동사 '能'의 부정 '不能'

» '能'의 부정은 '不能'이며, 능력, 가능, 허가가 안 된다는 의미로 '~할 수 없다'라는 뜻을 나타낸다.

구조	주어 + 不能 + 동사서술어(구)。

- 明天我不能见你。   내일 저는 당신을 만날 수 없어요.
- 你不能买衣服。   너는 옷을 살 수 없어.

능원동사의 정반의문문

» 능원동사가 있는 문장에서 정반의문문은 능원동사의 긍정과 부정 형식을 병렬하여 쓴다.

구조	주어 + 能不能 + 동사서술어(구)?

- 你能不能来?   당신은 올 수 있어요?(없어요?)
- 他能不能喝酒?   그는 술을 마실 수 있어?(없어?)

» 의문을 나타내는 의문 어기조사 '吗'를 문장 끝에 사용해서 의문문을 만들 수도 있다.

구조	주어 + 能 + 동사서술어(구) + 吗?

- 你能来吗?   당신은 올 수 있어요?
- 他能喝酒吗?   그는 술을 마실 수 있어?

Dialogue

어림수 표현 '五六个'

» '대여섯 개'라는 의미로 연속되는 숫자를 나열하여 어림수를 표현할 수 있다.

- 他能喝五六瓶。 그는 대여섯 병 마실 수 있어.
- 我能吃三四个。 저는 서너 개 먹을 수 있어요.

Ⓐ 晚上你能来接我吗？ 저녁에 너 나 마중 나올 수 있어?

_____

Ⓑ 今天我的车限行，所以不能去接你。 오늘 내 차가 운행할 수 없는 날이라, 너를 마중 나갈 수 없어.

_____

Ⓐ 知道了。那我今天打车回去吧。 알았어. 그럼 내가 오늘은 택시를 타고 돌아갈게.

_____

我现在去超市买烤翅，你能吃几个？
나 지금 슈퍼마켓에 버팔로윙 사러 가는데, 너 몇 개 먹을 수 있어?

_____

Ⓑ 我中午没吃饭，能吃五六个。 내가 점심에 밥을 안 먹어서, 대여섯 개 먹을 수 있어.

_____

Ⓐ 好的，啤酒呢？能喝几瓶? 좋아, 맥주는? 몇 병 마실 수 있어?

_____

Ⓑ 今天不能喝酒，我感冒了。 오늘 술을 마실 수 없어, 나 감기 걸렸거든.

_____

✎ Free Composition 아래 단어를 이용하여 자유롭게 작문해 보세요.

> 我, 你, 我们,
> 爸爸, 妈妈

> 不

> 开车, 见你,
> 来上班, 去机场,
> 去接你

> 吗

> 今天, 明天,
> 周六, 周末

> 游一百米, 跑一小时,
> 吃很多碗, 喝很多瓶,
> 吃五六个

> 看见, 完成, 参加,
> 见面, 帮忙, 加班

> 能

1. 아래의 문장을 읽고 문장이 올바르면 ✔, 틀리면 ✘를 표시하세요.

   ❶ 我能吃五六个。   (   )

   ❷ 我不见妈能。   (   )

   ❸ 今天妈妈不能开车。   (   )

   ❹ 我们能不完成。   (   )

   ❺ 明天你能来上班吗?   (   )

2. 위의 단어 중 적절한 단어를 골라 문장을 만들어 보세요.

   ❶ _____

   ❷ _____

   ❸ _____

🎧 Exercise 다음 듣기와 독해 문제를 풀어 보세요.

1. 녹음에서 들려주는 문장을 듣고 내용과 일치하는 그림에 A, B, C를 적으세요. 🎧12-09

❶  ❷ ❸

(   )　　　　　　(   )　　　　　　(   )

2. 녹음에서 들려주는 문장을 듣고 일치하는 내용을 고르세요. 🎧12-10 ❶ (   ) ❷ (   )

❶ A 男的能去接   B 女的能去接

    C 男的不能去接   D 女的不能去接

❷ A 男的不能喝咖啡   B 女的不能喝咖啡

    C 男的能喝啤酒   D 女的能喝啤酒

3. 주어진 문장과 가장 관련 있는 그림을 고르세요.

A  B

C  D

❶ 他们去上班。   (   )   ❷ 她去超市买东西。 (   )

❸ 我开车回去。   (   )   ❹ 我打车回去。   (   )

4. 보기에서 알맞은 단어를 골라 괄호 안에 넣으세요.

보기	A 没	B 吧	C 几	D 了	E 接

❶ 那我今天打车回去（　　　）。

❷ 你能吃（　　　）个?

❸ 我中午（　　　）吃饭。

❹ 我去机场（　　　）你。

❺ 我感冒（　　　）。

5. 한어병음을 보고 해당되는 단어를 괄호 안에 써 넣으세요.

Zhōuliù

❶ （　　　　　　　）我能去接你。

kǎochì

❷ 我现在去超市买（　　　　　　　）。

xiànxíng

❸ 今天爸爸的车（　　　　　　　）。

hējiǔ

❹ 今天不能（　　　　　　　），我感冒了。

shàngbān

❺ 明天我不能来（　　　　　　　）。

듣고 말하기 녹음을 잘 듣고 질문에 답해 보세요. 🎧 12-11

1. 녹음을 잘 듣고 전체 문장을 따라 말해 본 후 문장을 직접 써 보세요.

❶ _____

❷ _____

❸ _____

2. 녹음을 잘 듣고 간단하게 대답해 본 후 문장을 직접 써 보세요.

❶ _____

❷ _____

❸ _____

쓰고 말하기 다음 질문에 대해 상황에 맞게 대답해 본 후 그 대답을 직접 써 보세요.

1. 你能开车吗?

❶ _____

❷ _____

❸ _____

2. 你能不能喝酒?

❶ _____

❷ _____

❸ _____

녹음 Script

Exercise 정답

Chapter 01

Free Composition

1. ❶ ✓ ❷ ✗ ❸ ✗ ❹ ✓ ❺ ✓

Exercise

1. 녹음 ❶ 热 ❷ 高兴 ❸ 高

   정답 ❶ ✗ ❷ ✓ ❸ ✓

2. 녹음

   ❶ 他很累。

   ❷ 好久不见！

   ❸ 我不饿。

   정답 ❶ ✓ ❷ ✗ ❸ ✗

3. ❶ C ❷ D ❸ A ❹ B

4. ❶ C ❷ D ❸ E ❹ A ❺ B

5. ❶ 现在 ❷ 饿 ❸ 很 ❹ 忙 ❺ 美

Speaking Practice

듣고 말하기

1. 녹음

   ❶ 好久不见。

   ❷ 你最近好吗？

   ❸ 他学习很忙。

2. 녹음

   ❶ 你冷吗？

   ❷ 你美吗？

   ❸ 你最近累吗？

Chapter 02

Free Composition

1. ❶ ✓ ❷ ✓ ❸ ✗ ❹ ✗ ❺ ✓

Exercise

1. 녹음

   ❶ 它饱了。

   ❷ 我胖了。

   ❸ 她高兴死了。

   정답 ❶ ✗ ❷ ✗ ❸ ✗

2. 녹음

   Ⓐ A：天气怎么样？

   　　B：天气很凉快。

   Ⓑ A：工作怎么样？

   　　B：工作很忙。

   Ⓒ A：味道怎么样？

   　　B：味道很好。

   정답 ❶ A ❷ C ❸ B

3. ❶ B ❷ A ❸ C

4. ❶ C ❷ E ❸ D ❹ B ❺ A

5. ❶ 深 ❷ 咖啡 ❸ 有点儿 ❹ 死

Speaking Practice

듣고 말하기

1. 녹음

   ❶ 电脑坏了。

   ❷ 今天天气太好了。

   ❸ 手机便宜了。

2. 녹음

　❶ 你胖了吗?

　❷ 你最近学习怎么样?

　❸ 今天天气怎么样?

2. 녹음

　❶ 你喝不喝饮料?

　❷ 你看不看电视?

　❸ 你吃不吃米饭?

Chapter
03

Free Composition

1. ❶ ✓　❷ ✗　❸ ✗　❹ ✓　❺ ✓

Exercise

1. 녹음　❶ 吃　　❷ 喝　　❸ 听

　　정답　❶ ✗　　❷ ✓　　❸ ✗

2. 녹음

　　❶ 爸爸看报纸。

　　❷ 爸爸买面包。

　　❸ 他看电视。

　　정답　❶ ✓　　❷ ✗　　❸ ✓

3. ❶ C　❷ B　❸ A　❹ D

4. ❶ D　❷ C　❸ B　❹ E　❺ A

5. ❶ 北京　❷ 公司　❸ 买　❹ 看　❺ 听

Speaking Practice

듣고 말하기

1. 녹음

　　❶ 爸爸在公司。

　　❷ 妈妈在学校。

　　❸ 他们都不在。

Chapter
04

Free Composition

1. ❶ ✓　❷ ✗　❸ ✓　❹ ✗　❺ ✓

Exercise

1. 녹음　❶ 词典　❷ 钱包　❸ 房间

　　정답　❶ ✓　　❷ ✗　　❸ ✗

2. 녹음

　　Ⓐ 她打扫房间。

　　Ⓑ 他们看电影。

　　Ⓒ 她们去学校。

　　정답　❶ B　　❷ C　　❸ A

3. ❶ B　❷ A

4. ❶ B　❷ C　❸ D　❹ A　❺ E

5. ❶ 住　❷ 穿　❸ 附近, 远　❹ 朋友

Speaking Practice

듣고 말하기

1. 녹음

　　❶ 你在哪儿?

　　❷ 我买苹果。

　　❸ 他去朋友家。

2. 녹음

❶ 你吃什么?

❷ 你住哪儿?

❸ 你今天去学校吗?

Chapter 05

Free Composition

1. ❶ ✓　❷ ✗　❸ ✓　❹ ✗　❺ ✓

Exercise

1. 녹음

❶ 我哭了。

❷ 她生气了。

❸ 她同意了。

정답 ❶ ✓　　❷ ✗　　❸ ✗

2. 녹음

Ⓐ A: 电影开始了吗?

B: 电影开始了。

Ⓑ A: 他结婚了没有?

B: 他结婚了。

Ⓒ A: 老师上课了没有?

B: 老师上课了。

정답 ❶ B　　❷ A　　❸ C

3. ❶ D　❷ A　❸ C　❹ B

4. ❶ C　❷ B　❸ A, A　❹ E　❺ D

5. ❶ 已经　❷ 哭　❸ 请　❹ 同意

❺ 生气

Speaking Practice

들고 말하기

1. 녹음

❶ 她走了。

❷ 你游泳了吗?

❸ 你休息了没有?

2. 녹음

❶ 你喝果汁了吗?

❷ 你吃饭了没有?

❸ 中国菜好吃吗?

Chapter 06

Free Composition

1. ❶ ✓　❷ ✗　❸ ✗　❹ ✓　❺ ✓

Exercise

1. 녹음

❶ 他是我爸爸。

❷ 这是韩国的报纸。

❸ 她是我的汉语老师。

정답 ❶ ✓　　❷ ✗　　❸ ✗

2. 녹음

Ⓐ A: 这是哪儿?

B: 这是学校。

Ⓑ A: 她是你妹妹吗?

B: 她不是我妹妹，是我姐姐。

Ⓒ A: 那是谁?

B: 那是我们教练。

정답　❶ A　　❷ C　　❸ B

3.　❶ D　❷ B　❸ C　❹ A

4.　❶ B　❷ A　❸ C　❹ D　❺ E

5.　❶ 报纸　❷ 旁边　❸ 座位　❹ 行李
　　❺ 室友

Speaking Practice

듣고 말하기

1.　녹음

　　❶ 这是我妹妹。

　　❷ 那不是我们的老师。

　　❸ 这不是你的房间, 是我的房间。

2.　녹음

　　❶ 你旁边的人是谁?

　　❷ 你的座位在哪儿?

　　❸ 你的室友怎么样?

Chapter
07

Free Composition

1.　❶ ✓　　❷ ✗　　❸ ✓　　❹ ✗　　❺ ✓

Exercise

1.　녹음　❶ 鞋　　❷ 书　　❸ 衣服
　　정답　❶ ✗　　❷ ✗　　❸ ✓

2.　녹음

　　Ⓐ 他买几瓶啤酒。

　　Ⓑ 我们买几个面包。

　　Ⓒ 我买几斤香蕉。

　　정답　❶ C　　❷ B　　❸ A

3.　❶ C　❷ A　❸ B　❹ D

4.　❶ D　❷ E　❸ C　❹ A　❺ B

5.　❶ 打折　❷ 老板　❸ 漂亮　❹ 大概
　　❺ 等

Speaking Practice

듣고 말하기

1.　녹음

　　❶ 这支钢笔多少钱?

　　❷ 这件衣服多少钱?

　　❸ 这个九十块。

2.　녹음

　　❶ 你多大?

　　❷ 你多高?

　　❸ 你多重?

Chapter
08

Free Composition

1.　❶ ✓　　❷ ✓　　❸ ✗　　❹ ✓　　❺ ✓

Exercise

1.　녹음

　　Ⓐ 电脑有问题。

　　Ⓑ 桌子上有一杯咖啡。

　　Ⓒ 今天有考试。

　　정답　❶ B　　❷ C　　❸ A

2.　녹음

　　❶ 男: 下午你有空儿吗?

　　　　女: 有啊! 怎么了?

男：一起去看电影，怎么样?

女：我不喜欢看电影。

❷ 男：桌子上有一本书，是你的吗?

女：不是，那是小王的。

男：她去哪儿了?

女：她去看演唱会了。

정답 ❶ D ❷ C

3. ❶ B ❷ C

4. ❶ C ❷ D ❸ B ❹ A ❺ E

5. ❶ 教室 ❷ 空儿 ❸ 房间 ❹ 钢笔 ❺ 主意

Speaking Practice

듣고 말하기

1. 녹음

❶ 他没有朋友。

❷ 门外有一辆车。

❸ 今天有会议。

2. 녹음

❶ 你今天有考试吗?

❷ 你现在有钱吗?

❸ 你明天有没有空?

Chapter 09

Free Composition

1. ❶ ✗ ❷ ✗ ❸ ✓ ❹ ✓ ❺ ✓

Exercise

1. 녹음 ❶ 睡 ❷ 上班 ❸ 起床

정답 ❶ ✓ ❷ ✗ ❸ ✗

2. 녹음

❶ 女的早上刷牙。

❷ 她一点做运动。

❸ 我早上9点洗衣服。

정답 ❶ ✗ ❷ ✓ ❸ ✗

3. ❶ A ❷ C ❸ B ❹ D

4. ❶ B ❷ C ❸ A ❹ D ❺ E

5. ❶ 运动 ❷ 下班 ❸ 放假 ❹ 准备 ❺ 衣服

Speaking Practice

듣고 말하기

1. 녹음

❶ 你什么时候洗衣服?

❷ 我们是上个月认识的。

❸ 他什么时候睡的?

2. 녹음

❶ 你几点起床?

❷ 你昨天几点睡的?

❸ 你什么时候回家?

Chapter 10

Free Composition

1. ❶ ✓　❷ ✗　❸ ✗　❹ ✓　❺ ✓

Exercise

1. 녹음

   Ⓐ 你看哪本书?

   Ⓑ 妈妈做什么菜?

   Ⓒ 我喝草莓汁。

   정답 ❶ B　❷ C　❸ A

2. 녹음

   ❶ 男：你喝什么咖啡?

   　 女：我今天不喝咖啡，喝果汁吧。

   　 男：你喝什么果汁?

   　 女：西瓜汁。

   ❷ 男：你买哪款电脑?

   　 女：我买最快的。

   　 男：你要什么颜色?

   　 女：我要白色的。

   정답 ❶ D　❷ C

3. ❶ B　❷ D　❸ A　❹ C

4. ❶ D　❷ B　❸ C　❹ A　❺ E

5. ❶ 冰镇　❷ 进口　❸ 又麻又辣
   ❹ 西红柿　❺ 葡萄

Speaking Practice

듣고 말하기

1. 녹음

   ❶ 你要哪支笔?

   ❷ 你同屋是哪国人?

   ❸ 我看最新的。

2. 녹음

   ❶ 你是哪国人?

   ❷ 晚上做什么菜?

   ❸ 最近你看什么书?

Chapter 11

Free Composition

1. ❶ ✓　❷ ✓　❸ ✗　❹ ✓　❺ ✗

Exercise

1. 녹음

   ❶ 坐车去

   ❷ 用勺吃

   ❸ 骑车去

   정답 ❶ ✓　❷ ✓　❸ ✗

2. 녹음

   Ⓐ 妹妹上街买衣服。

   Ⓑ 爸爸开车去公司。

   Ⓒ 我们去超市买东西。

   정답 ❶ B　❷ C　❸ A

3. ❶ B　❷ C

4. ❶ D　❷ B　❸ A　❹ C　❺ E

5. ❶ 一会儿 ❷ 打算 ❸ 比较 ❹ 杂志
   ❺ 为什么

Speaking Practice

듣고 말하기

1. 녹음

   ❶ 我用笔写。

   ❷ 他去地铁站买票。

   ❸ 这件事怎么办?

2. 녹음

   ❶ 你怎么去学校?

   ❷ 弟弟去书店干什么?

   ❸ 你为什么没来?

Chapter
12

Free Composition

1. ❶ ✓ ❷ ✗ ❸ ✓ ❹ ✗ ❺ ✓

Exercise

1. 녹음

   Ⓐ 我能跑一百米。

   Ⓑ 明天我见朋友。

   Ⓒ 我能游一百米。

   정답 ❶ C ❷ A ❸ B

2. 녹음

   ❶ 女:明天能来接我吗?

   男:对不起,明天我不能去接你。

   女:为什么不能来接我?

   男:明天我的车限行。

❷ 男:你能喝啤酒吗?

女:我能喝啤酒。

男:你能喝几瓶?

女:我能喝五六瓶。

정답 ❶ C ❷ D

3. ❶ C ❷ A ❸ D ❹ B

4. ❶ B ❷ C ❸ A ❹ E ❺ D

5. ❶ 周六 ❷ 烤翅 ❸ 限行 ❹ 喝酒
   ❺ 上班

Speaking Practice

듣고 말하기

1. 녹음

   ❶ 我能吃两碗。

   ❷ 你能喝几瓶?

   ❸ 你能去机场吗?

2. 녹음

   ❶ 你能游几十米?

   ❷ 你能跑几个小时?

   ❸ 你能吃几个烤翅?

신개념 패턴 학습으로 완벽한 중국어

퍼펙트

P·E·R·F·E·C·T

중국어

Word Note 1

시사중국어사

퍼펙트

P·E·R·F·E·C·T

중국어

Word Note 1

시사중국어사

New Word 🎧 01-00

▶ Pattern 1

他	tā	대 그, 그(저) 사람
忙	máng	형 바쁘다
她	tā	대 그녀
累	lèi	형 피로하다, 지치다
我	wǒ	대 나, 저
饿	è	형 배고프다
热	rè	형 덥다, 뜨겁다
冷	lěng	형 춥다, 차다
高	gāo	형 높다, 크다
美	měi	형 아름답다
帅	shuài	형 멋지다, 잘생기다, 스마트하다

▶ Pattern 2

不	bù	부 아니다 [부정을 나타냄]

▶ Pattern 3

吗	ma	조 의문을 나타내는 어기조사

💬 Dialogue

好久不见	hǎojiǔ bú jiàn	오래간만입니다, 오랜만이야
你	nǐ	대 너, 당신
最近	zuìjìn	명 요즘, 최근
好 ❶	hǎo	형 좋다, 훌륭하다, 안녕하다
很	hěn	부 매우, 아주
呢	ne	조 의문문에서 의문의 어기를 나타내거나 서술문에서 긍정의 어기를 나타내는 어기조사
也	yě	부 ~도, 역시
学习	xuéxí	명 공부, 학습 동 공부하다, 학습하다
还可以	hái kěyǐ	괜찮다, 적당하다

☑ Double Check!

幸福	xìngfú	형 행복하다 명 행복
难过	nánguò	형 괴롭다, 슬프다
高兴	gāoxìng	형 기쁘다, 즐겁다
快乐	kuàilè	형 즐겁다, 유쾌하다
紧张	jǐnzhāng	형 긴장하다, 긴박하다
健康	jiànkāng	형 건강하다

忙 忙 忙 忙 忙 忙					
忙	忙	忙			

máng [형] 바쁘다 [바쁠 망 忙]

累 累 累 累 累 累 累 累 累 累 累					
累	累	累			

lèi [형] 피로하다, 지치다 [쌓일 루 累]

饿 饿 饿 饿 饿 饿 饿 饿 饿 饿					
饿	饿	饿			

è [형] 배고프다 [주릴 아 餓]

热 热 热 热 热 热 热 热 热 热					
热	热	热			

rè [형] 덥다, 뜨겁다 [뜨거울 열 熱]

冷 冷 冷 冷 冷 冷 冷					
冷	冷	冷			

lěng [형] 춥다, 차다 [찰 냉 冷]

高 高 高 高 高 高 高 高 高 高					
高	高	高			

gāo [형] 높다, 크다 [높을 고 高]

美 美 美 美 美 美 美 美 美					
美	美	美			

měi [형] 아름답다 [아름다울 미 美]

帅 帅 帅 帅 帅					
帅	帅	帅			

shuài [형] 멋지다, 잘생기다, 스마트하다 [장수 수 帥]

好 好 好 好 好 好					
好	好	好			

hǎo [형] 좋다, 훌륭하다, 안녕하다 [좋을 호 好]

很 很 很 很 很 很 很 很 很					
很	很	很			

hěn [부] 매우, 아주 [어길 흔, 매우 흔 很]

不 不 不 不					
不	不	不			

bù [부] 아니다 [부정을 나타냄] [아닐 불 不]

吗 吗 吗 吗 吗 吗					
吗	吗	吗			

ma [조] 의문을 나타내는 어기조사 [어조사 마 嗎]

New Word 🎧 02-00

▶ Pattern 1

咖啡	kāfēi	명 커피
怎么样	zěnmeyàng	대 어떠하냐, 어떻게, 어떠하다
学校	xuéxiào	명 학교
颜色	yánsè	명 색, 색채
味道	wèidào	명 맛, 느낌, 흥취
米饭	mǐfàn	명 (쌀)밥
天气	tiānqì	명 날씨, 일기
老师	lǎoshī	명 선생님

▶ Pattern 2

苦	kǔ	형 쓰다, 고되다
深	shēn	형 깊다, 심오하다, 짙다
非常	fēicháng	부 대단히, 매우
香	xiāng	형 (음식 등이) 맛있다
太	tài	부 지나치게, 매우, 너무
暖和	nuǎnhuo	형 따뜻하다
了	le	조 문미에 쓰여 변화의 어기를 나타는 어기조사

▶ Pattern 3

胖	pàng	형 뚱뚱하다, 살지다
饱	bǎo	형 배부르다
凉	liáng	형 시원하다, 서늘하다, 차다
电脑	diànnǎo	명 컴퓨터
坏	huài	형 나쁘다, 악하다, 망가지다
凉快	liángkuài	형 서늘하다, 시원하다
手机	shǒujī	명 휴대전화
便宜	piányi	형 (값이) 싸다
春天	chūntiān	명 봄

周末	zhōumò	명 주말

💬 Dialogue

早上	zǎoshang	명 아침
今天	jīntiān	명 오늘
工作	gōngzuò	명 일, 업무
有点儿	yǒudiǎnr	부 조금, 약간
多	duō	형 많다
死	sǐ	형 ~해 죽겠다 동 죽다

☑ Double Check!

贵	guì	형 비싸다, 귀하다
近	jìn	형 가깝다
天	tiān	명 기후, 날씨
晴	qíng	형 맑다
红	hóng	형 빨갛다, 붉다
黑	hēi	형 검다, 어둡다
阴	yīn	형 흐리다

味味味味味味味味	道道道道道道道道道道道道		
味道	味道	味道	

wèidào 몡맛, 느낌, 흥취 [맛 미 味, 길 도 道]

米米米米米米	饭饭饭饭饭饭饭		
米饭	米饭	米饭	

mǐfàn 몡(쌀)밥 [쌀 미 米, 밥 반 飯]

天天天天	气气气气		
天气	天气	天气	

tiānqì 몡날씨, 일기 [하늘 천 天, 기운 기 氣]

老老老老老老	师师师师师师		
老师	老师	老师	

lǎoshī 몡선생님 [늙을 노 老, 스승 사 師]

非非非非非非非非	常常常常常常常常常常常		
非常	非常	非常	

fēicháng 뷔대단히, 매우 [아닐 비 非, 항상 상 常]

太太太太			
太	太	太	

tài 뷔지나치게, 매우, 너무 [클 태 太]

暖 暖 暖 暖 暖 暖 暖 暖 暖 暖 暖 暖 暖			和 和 和 和 和 和 和 和	
暖和	暖和	暖和		

nuǎnhuo [형] 따뜻하다 [따뜻할 난 暖, 화할 화 和]

了 了					
了	了	了			

le [조] 문미에 쓰여 변화의 어기를 나타내는 어기조사 [마칠 료 了]

饱 饱 饱 饱 饱 饱 饱 饱					
饱	饱	饱			

bǎo [형] 배부르다 [부를 포 飽]

凉 凉 凉 凉 凉 凉 凉 凉 凉 凉					
凉	凉	凉			

liáng [형] 시원하다, 서늘하다, 차다 [서늘할 량 凉]

坏 坏 坏 坏 坏 坏 坏					
坏	坏	坏			

huài [형] 나쁘다, 악하다, 망가지다 [무너질 괴 壞]

多 多 多 多 多 多					
多	多	多			

duō [형] 많다 [많을 다 多]

Chapter 03 我去北京。

New Word 🎧 03-00

▶ Pattern 1

去	qù	동 가다
吃	chī	동 먹다
喝	hē	동 마시다
看	kàn	동 보다
妈妈	māma	명 엄마, 어머니
听	tīng	동 듣다
爸爸	bàba	명 아빠, 아버지
在	zài	동 ~에 있다, 존재하다
他们	tāmen	대 그들
买	mǎi	동 사다
我们	wǒmen	대 우리(들)

▶ Pattern 2

你们	nǐmen	대 너희(들)

▶ Pattern 3

北京	Běijīng	명 베이징 [지명]
牛奶	niúnǎi	명 우유
电视	diànshì	명 텔레비전
音乐	yīnyuè	명 음악
公司	gōngsī	명 회사
面包	miànbāo	명 빵
报纸	bàozhǐ	명 신문

💬 Dialogue

家	jiā	명 가정, 집
都	dōu	부 모두
做	zuò	동 하다, 일하다
作业	zuòyè	명 숙제, 과제
先	xiān	부 먼저, 우선
玩儿	wánr	동 놀다
游戏	yóuxì	명 게임
吧	ba	조 문미에 쓰여 청유, 동의 등을 나타내는 어기조사
好的	hǎo de	좋아, 좋다, 좋은 것
饮料	yǐnliào	명 음료, 마실 것
嗯	Ǹg	감 응, 그래
谢谢	xièxie	감사합니다

✅ Double Check!

问	wèn	동 묻다, 질문하다
读	dú	동 (소리 내어) 읽다, 낭독하다
想	xiǎng	동 생각하다, 그리워하다
叫	jiào	동 부르다, 소리치다
推	tuī	동 밀다
门	mén	명 문
拉	lā	동 당기다, 끌다

去 去 去 去 去

去	去	去			

qù 동 가다 [갈 거 去]

吃 吃 吃 吃 吃 吃

吃	吃	吃			

chī 동 먹다 [먹을 끽 喫]

喝 喝 喝 喝 喝 喝 喝 喝 喝 喝 喝 喝

喝	喝	喝			

hē 동 마시다 [꾸짖을 갈 喝]

看 看 看 看 看 看 看 看 看

看	看	看			

kàn 동 보다 [볼 간 看]

在 在 在 在 在 在

在	在	在			

zài 동 ~에 있다, 존재하다 [있을 在]

买 买 买 买 买 买

买	买	买			

mǎi 동 사다 [살 매 買]

做 做 做 做 做 做 做 做 做 做 做					
做	做	做			

zuò 동 하다, 일하다 [지을 주 做]

问 问 问 问 问 问					
问	问	问			

wèn 동 묻다, 질문하다 [물을 문 問]

想 想 想 想 想 想 想 想 想 想 想 想					
想	想	想			

xiǎng 동 생각하다, 그리워하다 [생각할 상 想]

叫 叫 叫 叫 叫					
叫	叫	叫			

jiào 동 부르다, 소리치다 [부르짖을 규 叫]

推 推 推 推 推 推 推 推 推 推 推					
推	推	推			

tuī 동 밀다 [밀 추 推]

拉 拉 拉 拉 拉 拉 拉 拉					
拉	拉	拉			

lā 동 당기다, 끌다 [꺾을 랍 拉]

Chapter 04 你去哪儿?

New Word 🎧 04-00

▶ Pattern 1

哪儿	nǎr	대 어디, 어느 곳
住	zhù	동 살다, 거주하다
姐姐	jiějie	명 언니, 누나
回	huí	동 돌아가다, 돌아오다, 우회하다
弟弟	dìdi	명 남동생
坐	zuò	동 앉다
妹妹	mèimei	명 여동생
首尔	Shǒu'ěr	명 서울 [지명]

▶ Pattern 2

什么	shénme	대 무엇, 무슨
找 ❶	zhǎo	동 찾다
穿	chuān	동 입다
点	diǎn	동 주문하다, 시키다
词典	cídiǎn	명 사전
钱包	qiánbāo	명 지갑

▶ Pattern 3

谁	shéi(shuí)	대 누구
卖	mài	동 팔다
回答	huídá	동 대답하다
问题	wèntí	명 문제, 질문
知道	zhīdào	동 알다, 이해하다
答案	dá'àn	명 답, 해답, 답안
打扫	dǎsǎo	동 청소하다
房间	fángjiān	명 방

💬 Dialogue

朋友	péngyou	명 친구
附近	fùjìn	명 근처
远	yuǎn	형 멀다
打算	dǎsuàn	동 ~할 예정이다, ~할 계획이다
电影	diànyǐng	명 영화

☑ Double Check!

超市	chāoshì	명 슈퍼마켓
医院	yīyuàn	명 병원
图书馆	túshūguǎn	명 도서관
宾馆	bīnguǎn	명 호텔, 게스트하우스
洗手间	xǐshǒujiān	명 화장실
厨房	chúfáng	명 부엌, 주방

哪 哪 哪 哪 哪 哪 哪 哪 哪			儿 儿	
哪儿	哪儿	哪儿		

nǎr [대] 어디, 어느 곳 [어찌 나 哪, 아이 아 兒]

住 住 住 住 住 住 住				
住	住	住		

zhù [동] 살다, 거주하다 [살 주 住]

回 回 回 回 回 回				
回	回	回		

huí [동] 돌아가다, 돌아오다, 우회하다 [돌아올 회 回]

坐 坐 坐 坐 坐 坐 坐				
坐	坐	坐		

zuò [동] 앉다 [앉을 좌 坐]

什 什 什 什			么 么 么	
什么	什么	什么		

shénme [대] 무엇, 무슨 [심할 심/무엇 심 甚, 그런가 마 麽]

找 找 找 找 找 找 找				
找	找	找		

zhǎo [동] 찾다 [채울 조 找]

穿 穿 穿 穿 穿 穿 穿 穿 穿					
穿	穿	穿			

chuān [동] 입다 [뚫을 천 穿]

点 点 点 点 点 点 点 点 点					
点	点	点			

diǎn [동] 주문하다, 시키다 [점 점 點]

谁 谁 谁 谁 谁 谁 谁 谁 谁 谁					
谁	谁	谁			

shéi(shuí) [대] 누구 [누구 수 誰]

卖 卖 卖 卖 卖 卖 卖 卖					
卖	卖	卖			

mài [동] 팔다 [팔 매 賣]

回 回 回 回 回 回		答 答 答 答 答 答 答 答 答 答 答 答			
回答	回答	回答			

huídá [동] 대답하다 [돌아올 회 回, 답할 답 答]

知 知 知 知 知 知 知 知		道 道 道 道 道 道 道 道 道 道 道			
知道	知道	知道			

zhīdào [동] 알다, 이해하다 [알 지 知, 길 도 道]

Chapter 05 　我吃了。

New Word 　🎧 05-00

▶ Pattern 1

走	zǒu	통 가다, 떠나다
到	dào	통 도착하다
哭	kū	통 울다
明白	míngbai	통 이해하다, 알다
结婚	jiéhūn	통 결혼하다
生气	shēngqì	통 화내다, 성내다
同意	tóngyì	통 동의하다

▶ Pattern 2

没	méi	부 ~않다 [과거의 경험, 행위, 사실 등을 부정함]

💬 Dialogue

还	hái	부 아직
已经	yǐjīng	부 이미, 벌써
肚子	dùzi	명 복부, 배
这	zhè	대 이, 이것
个	ge(gè)	양 개 [물건, 사람을 세는 단위]
菜	cài	명 요리, 반찬
又	yòu	부 또, 또한
酸	suān	형 시다, 시큼하다
甜	tián	형 달다, 달콤하다
好吃	hǎochī	형 맛있다, 맛나다
那	nà	접 그렇다면, 그럼
果汁	guǒzhī	명 과일주스, 과즙음료
请	qǐng	통 초청하다, 한턱내다

☑ Double Check!

开始	kāishǐ	통 시작하다
休息	xiūxi	통 쉬다, 휴식하다
旅游	lǚyóu	통 여행하다
跳舞	tiàowǔ	통 춤추다
游泳	yóuyǒng	통 수영하다
洗澡	xǐzǎo	통 목욕하다

走 走 走 走 走 走 走					
走	走	走			

zǒu 동 가다, 떠나다 [달릴 주 走]

到 到 到 到 到 到 到 到					
到	到	到			

dào 동 도착하다 [이를 도 到]

哭 哭 哭 哭 哭 哭 哭 哭 哭 哭					
哭	哭	哭			

kū 동 울다 [울 곡 哭]

明 明 明 明 明 明 明 明		白 白 白 白 白		
明白	明白	明白		

míngbai 동 이해하다, 알다 [밝을 명 明, 흰 백 白]

结 结 结 结 结 结 结 结		婚 婚 婚 婚 婚 婚 婚 婚 婚 婚 婚		
结婚	结婚	结婚		

jiéhūn 동 결혼하다 [맺을 결 結, 혼인할 혼 婚]

生 生 生 生 生		气 气 气 气		
生气	生气	生气		

shēngqì 동 화내다, 성내다 [날 생 生, 기운 기 氣]

同 同 同 同 同 同			意 意 意 意 意 意 意 意 意 意 意 意	
同意	同意	同意		

tóngyì 동 동의하다 [한가지 동 同, 뜻 의 意]

没 没 没 没 没 没 没				
没	没	没		

méi 부 ~않다 [과거의 경험, 행위, 사실 등을 부정함] [빠질 몰 沒]

还 还 还 还 还 还 还				
还	还	还		

hái 부 아직 [돌아올 환 還]

已 已 已			经 经 经 经 经 经 经 经	
已经	已经	已经		

yǐjīng 부 이미, 벌써 [이미 이 已, 지날 경 經]

好 好 好 好 好 好			吃 吃 吃 吃 吃 吃	
好吃	好吃	好吃		

hǎochī 형 맛있다, 맛나다 [좋을 호 好, 먹을 끽 喫]

请 请 请 请 请 请 请 请 请 请				
请	请	请		

qǐng 동 초청하다, 한턱내다 [청할 청 請]

New Word 🎧06-00

▶ Pattern 1

的	de	조 ~한, ~스러운 [한정어를 만드는 구조조사]
同学	tóngxué	명 학우, 동급생
行李	xíngli	명 짐, 수화물, 여행 가방
座位	zuòwèi	명 자리, 좌석
护照	hùzhào	명 여권

▶ Pattern 2

是	shì	동 ~이다 [판단, 시비 등을 나타냄]
那	nà	대 저, 저것, 그, 그것
这儿	zhèr	대 여기, 이곳
那儿	nàr	대 저기, 저곳, 그곳

▶ Pattern 3

教练	jiàoliàn	명 감독, 코치
昨天	zuótiān	명 어제
别人	biérén	명 다른 사람, 남

💬 Dialogue

汉语	Hànyǔ	명 중국어
旁边	pángbiān	명 옆, 곁
男生	nánshēng	명 남학생
室友	shìyǒu	명 룸메이트
小	xiǎo	형 작다, 어리다
李	Lǐ	이 씨(姓)
小李	Xiǎo Lǐ	명 샤오리, 이군, 이양
女生	nǚshēng	명 여학생
班	bān	명 반
女朋友	nǚ péngyou	명 여자친구

☑ Double Check!

爱人	àiren	몡 아내, 남편
女儿	nǚ'ér	몡 딸
学生	xuésheng	몡 학생
手表	shǒubiǎo	몡 손목시계
杯子	bēizi	몡 잔, 컵
菜单	càidān	몡 메뉴판

Word Writing

的 的 的 的 的 的 的 的					
的	的	的			

de [조] ~한, ~스러운 [한정어를 만드는 구조조사] [과녁 적 的]

同 同 同 同 同 同		学 学 学 学 学 学 学 学			
同学	同学	同学			

tóngxué [명] 학우, 동급생 [한가지 동 同, 배울 학 學]

行 行 行 行 行 行		李 李 李 李 李 李 李			
行李	行李	行李			

xíngli [명] 짐, 수화물, 여행 가방 [다닐 행 行, 오얏 리 李]

护 护 护 护 护 护		照 照 照 照 照 照 照 照 照 照 照 照 照			
护照	护照	护照			

hùzhào [명] 여권 [도울 호 護, 비칠 조 照]

是 是 是 是 是 是 是 是 是					
是	是	是			

shì [동] ~이다 [판단, 시비 등을 나타냄] [이 시/옳을 시 是]

那 那 那 那 那 那					
那	那	那			

nà [대] 저, 저것, 그, 그것 [어찌 나 那]

这 这 这 这 这 这 这	儿 儿		
这儿	这儿	这儿	

zhèr [대] 여기, 이곳 [이 저 這, 아이 아 兒]

那 那 那 那 那 那	儿 儿		
那儿	那儿	那儿	

nàr [대] 저기, 저곳, 그곳 [어찌 나 那, 아이 아 兒]

汉 汉 汉 汉 汉	语 语 语 语 语 语 语 语 语		
汉语	汉语	汉语	

Hànyǔ [명] 중국어 [한나라 한 漢, 말씀 어 語]

室 室 室 室 室 室 室 室 室	友 友 友 友		
室友	室友	室友	

shìyǒu [명] 룸메이트 [집 실 室, 벗 우 友]

爱 爱 爱 爱 爱 爱 爱 爱 爱 爱	人 人		
爱人	爱人	爱人	

àiren [명] 아내, 남편 [사랑할 애 愛, 사람 인 人]

学 学 学 学 学 学 学 学	生 生 生 生 生		
学生	学生	学生	

xuésheng [명] 학생 [배울 학 學, 날 생 生]

Chapter 07 你买几本书?

New Word 🎧 07-00

▶ Pattern 1

几	jǐ	수 몇, 얼마 [주로 10 이하의 수를 나타냄]
本	běn	양 권 [책을 세는 양사]
书	shū	명 책, 서적
双	shuāng	양 켤레, 쌍 [둘씩 짝을 이루는 것을 세는 양사]
鞋	xié	명 신발
件	jiàn	양 벌, 건, 개 [일, 사건, 개체의 사물 등을 세는 양사]
衣服	yīfu	명 옷, 의복
块 ❶	kuài	양 개, 덩어리 [덩어리, 조각으로 이루어진 것을 세는 양사]
糖	táng	명 사탕, 캔디 [과자 등 사탕의 총칭]
斤	jīn	양 근 [무게를 세는 양사]
香蕉	xiāngjiāo	명 바나나

▶ Pattern 2

多少	duōshao	대 몇, 얼마 [주로 10 이상의 수를 나타냄]
张	zhāng	양 장 [종이, 책상, 의자, 침대 등 넓은 표면을 가진 사물을 세는 양사]
邮票	yóupiào	명 우표
票	piào	명 표, 티켓
钢笔	gāngbǐ	명 만년필
钱	qián	명 돈
块 ❷	kuài	양 위안, 원 [중국 돈을 세는 양사]

▶ Pattern 3

大	dà	형 크다, 많다, 세다
重	zhòng	형 무겁다
长	cháng	형 길다
马路	mǎlù	명 대로, 큰길
宽	kuān	형 넓다

汉江	Hànjiāng	몡 한강 [지명]
年纪	niánjì	몡 나이, 연세
需要	xūyào	동 필요로 하다, 요구되다
时间	shíjiān	몡 시간

💬 Dialogue

哇	wà	감 와! 아! 어머! [감탄을 나타냄]
真	zhēn	부 정말로, 진짜로, 참으로
漂亮	piàoliang	형 아름답다, 예쁘다
现在	xiànzài	몡 지금, 현재
打折	dǎzhé	동 할인하다, 세일하다, 깎다
两	liǎng	수 2, 둘 [양사 앞 또는 백 단위 이상에서 2를 나타내는 경우 이 단어를 사용함]
您	nín	대 당신 [2인칭 존칭어]
稍	shāo	부 조금, 약간, 잠시
等	děng	동 기다리다
找 ❷	zhǎo	동 (돈을) 거슬러주다
老板	lǎobǎn	몡 가게의 주인, 사장님
地铁	dìtiě	몡 지하철
站	zhàn	몡 역, 스테이션
路	lù	몡 길
大概	dàgài	부 아마도, 대략, 대체로
分钟	fēnzhōng	몡 분 [시간을 나타내는 단위]

☑ Double Check!

蛋糕	dàngāo	몡 케이크, 카스테라
支	zhī	양 자루, 개피 [막대 모양의 물건을 세는 양사]
筷子	kuàizi	몡 젓가락

Word Writing

几 几

| 几 | 几 | 几 | | | |

jǐ ㊋ 몇, 얼마 [주로 10 이하의 수를 나타냄] [몇 기 幾]

本 本 本 木 本

| 本 | 本 | 本 | | | |

běn ㊐ 권 [책을 세는 양사] [근본 본 本]

双 双 双 双

| 双 | 双 | 双 | | | |

shuāng ㊐ 켤레, 쌍 [둘씩 짝을 이루는 것을 세는 양사] [쌍 쌍 雙]

件 件 件 件 件 件

| 件 | 件 | 件 | | | |

jiàn ㊐ 벌, 건, 개 [일, 사건, 개체의 사물 등을 세는 양사] [물건 건 件]

块 块 块 块 块 块 块

| 块 | 块 | 块 | | | |

kuài ㊐ 개, 덩어리 [덩어리, 조각으로 이루어진 것을 세는 양사] [덩어리 괴 塊]

斤 斤 斤 斤

| 斤 | 斤 | 斤 | | | |

jīn ㊐ 근 [무게를 세는 양사] [근 근 斤]

多多多多多多			少少少少		
多少	多少	多少			

duōshao 대 몇, 얼마 [주로 10 이상의 수를 나타냄] [많을 다 多, 적을 소 少]

张张张张张张张					
张	张	张			

zhāng 양 장 [종이, 책상, 의자, 침대 등 넓은 표면을 가진 사물을 세는 양사] [베풀 장 張]

钱钱钱钱钱钱钱钱钱钱					
钱	钱	钱			

qián 명 돈 [돈 전 錢]

两两两两两两两					
两	两	两			

liǎng 수 2, 둘 [양사 앞 또는 백 단위 이상에서 2를 나타내는 경우 이 단어를 사용함] [두 량 兩]

分分分分			钟钟钟钟钟钟钟钟钟		
分钟	分钟	分钟			

fēnzhōng 명 분 [시간을 나타내는 단위] [나눌 분 分, 쇠북 종 鍾]

支支支支					
支	支	支			

zhī 양 자루, 개피 [막대 모양의 물건을 세는 양사] [지탱할 지 支]

Chapter 08   我有钱。

New Word   🎧 08-00

▶ Pattern 1

有	yǒu	동 있다, 가지고 있다, 소유하다
空儿	kòngr	명 여가, 틈, 시간
事儿	shìr	명 일, 사건
考试	kǎoshì	명 시험

▶ Pattern 3

桌子	zhuōzi	명 책상
上	shàng(shang)	명 위, 위쪽
抽屉	chōuti	명 서랍
里	lǐ(li)	명 안, 안쪽
教室	jiàoshì	명 교실
人	rén	명 사람
台	tái	양 대 [기계 등을 세는 양사]
树	shù	명 나무
只	zhī	양 마리 [동물을 세는 양사]
鸟	niǎo	명 새
外	wài	명 밖, 바깥
辆	liàng	양 대 [차량 등을 세는 양사]

💬 Dialogue

明天	míngtiān	명 내일
后天	hòutiān	명 모레
可惜	kěxī	형 아쉽다, 아깝다, 애석하다
鸟叔	Niǎoshū	명 싸이 [인명, 한국의 유명 가수]
演唱会	yǎnchànghuì	명 콘서트, 음악회
一起	yìqǐ	부 함께, 같이
最	zuì	부 가장, 제일
喜欢	xǐhuan	형 좋아하다, 마음에 들다

歌手	gēshǒu	명 가수
开夜车	kāi yèchē	밤을 새다
呗	bei	조 ~하면 그만이다, ~하면 된다 [사실이나 이치가 분명하여 더는 말할 필요가 없음을 나타내는 어기조사]

☑ Double Check!

事情	shìqing	명 일, 업무, 사건, 사정
重要	zhòngyào	형 중요하다, 중대하다
主意	zhǔyi	명 생각, 아이디어, 주관, 견해
兴趣	xìngqù	명 흥미, 재미, 흥취, 취미
机会	jīhuì	명 기회
水平	shuǐpíng	명 수준
以后	yǐhòu	명 이후, 향후
这么	zhème	대 이렇게, 이러한
说	shuō	동 말하다
话	huà	명 말, 이야기
会议	huìyì	명 회의

Word Writing

有 有 有 有 有 有					
有	有	有			

yǒu [동] 있다, 가지고 있다, 소유하다 [있을 유 有]

空 空 空 空 空 空 空 空		儿 儿		
空儿	空儿	空儿		

kòngr [명] 여가, 틈, 시간 [빌 공 空, 아이 아 兒]

事 事 事 事 事 事 事 事		儿 儿		
事儿	事儿	事儿		

shìr [명] 일, 사건 [일 사 事, 아이 아 兒]

考 考 考 考 考 考		试 试 试 试 试 试 试 试	
考试	考试	考试	

kǎoshì [명] 시험 [생각할 고 考, 시험 시 試]

桌 桌 桌 桌 桌 桌 桌 桌 桌 桌		子 子 子		
桌子	桌子	桌子		

zhuōzi [명] 책상 [높을 탁 卓, 아들 자 子]

喜 喜 喜 喜 喜 喜 喜 喜 喜 喜 喜		欢 欢 欢 欢 欢 欢		
喜欢	喜欢	喜欢		

xǐhuan [형] 좋아하다, 마음에 들다 [기쁠 희 喜, 기쁠 환 歡]

教 教 教 教 教 教 教 教 教 教	室 室 室 室 室 室 室 室 室

教室	教室	教室		

jiàoshì 명 교실 [가르칠 교 教, 집 실 室]

明 明 明 明 明 明 明 明	天 天 天 天

明天	明天	明天		

míngtiān 명 내일 [밝을 명 明, 하늘 천 天]

事 事 事 事 事 事 事 事	情 情 情 情 情 情 情 情 情 情

事情	事情	事情		

shìqing 명 일, 업무, 사건, 사정 [일 사 事, 뜻 정 情]

主 主 主 主 主	意 意 意 意 意 意 意 意 意 意 意

主意	主意	主意		

zhǔyi 명 생각, 아이디어, 주관, 견해 [주인 주 主, 뜻 의 意]

兴 兴 兴 兴 兴 兴 / 趣 趣 趣 趣 趣 趣 趣 趣 趣 趣 趣 趣 趣 趣

兴趣	兴趣	兴趣		

xìngqù 명 흥미, 재미, 흥취, 취미 [일 흥 興, 뜻 취 趣]

机 机 机 机 机 机	会 会 会 会 会 会

机会	机会	机会		

jīhuì 명 기회 [틀 기 機, 모일 회 會]

Chapter 09　你几点睡觉？

New Word　🎧09-00

▶ Pattern 1

点	diǎn	명 시, 시각 [시간을 나타내는 단위]
睡觉	shuìjiào	동 잠을 자다
起床	qǐchuáng	동 기상하다, 일어나다
上班	shàngbān	동 출근하다
下班	xiàbān	동 퇴근하다
晚饭	wǎnfàn	명 저녁밥
运动	yùndòng	동 운동하다
晚上	wǎnshang	명 저녁, 밤
上午	shàngwǔ	명 오전

▶ Pattern 2

时候	shíhou	명 때, 시각, 무렵
放假	fàngjià	동 방학하다
刷	shuā	동 솔로 닦다, 솔질하다
牙	yá	명 이, 이빨, 치아
洗	xǐ	동 씻다
出发	chūfā	동 출발하다
香港	Xiānggǎng	명 홍콩 [지명]
月	yuè	명 월, 달
明年	míngnián	명 내년

▶ Pattern 3

睡	shuì	동 자다
准备	zhǔnbèi	동 준비하다
认识	rènshi	동 알다, 인식하다
去年	qùnián	명 작년
年	nián	명 해, 년
前	qián	명 앞, 전

💬 Dialogue

才	cái	뷔 비로소, 겨우 ~에서야
好 ❷	hǎo	뷔 아주, 매우
困	kùn	형 졸리다, 피곤하다
一般	yìbān	뷔 일반적으로, 대체로
就	jiù	뷔 바로, 곧, 즉시
快	kuài	뷔 빨리, 어서, 얼른
起来	qǐlái	동 일어나다
一会儿	yíhuìr	잠시 후에, 곧, 이따가
唉	āi	감 아, 에이, 아이참 [탄식, 아쉬움, 연민 등을 나타냄]
课	kè	명 수업, 강의

☑ Double Check!

生	shēng	동 낳다, 태어나다
涨	zhǎng	동 늘다, 늘어나다, 증가하다
工资	gōngzī	명 임금, 노임
星期	xīngqī	명 주, 요일
搬	bān	동 옮기다, 이사하다
实习	shíxí	명 실습, 견습, 인턴
面试	miànshì	명 면접
美国	Měiguó	명 미국 [지명]

睡 睡 睡 睡 睡 睡 睡 睡 睡 睡 睡 睡 睡			觉 觉 觉 觉 觉 觉 觉 觉 觉	
睡觉	睡觉	睡觉		

shuìjiào [동] 잠을 자다 [졸음 수 睡, 깨달을 각 覺]

起 起 起 起 起 起 起 起 起 起			床 床 床 床 床 床 床	
起床	起床	起床		

qǐchuáng [동] 기상하다, 일어나다 [일어날 기 起, 평상 상 床]

上 上 上			班 班 班 班 班 班 班 班 班 班	
上班	上班	上班		

shàngbān [동] 출근하다 [위 상 上, 나눌 반 班]

下 下 下			班 班 班 班 班 班 班 班 班 班	
下班	下班	下班		

xiàbān [동] 퇴근하다 [아래 하 下, 나눌 반 班]

晚 晚 晚 晚 晚 晚 晚 晚 晚 晚 晚			上 上 上	
晚上	晚上	晚上		

wǎnshang [명] 저녁, 밤 [늦을 만 晚, 위 상 上]

时 时 时 时 时 时 时			候 候 候 候 候 候 候 候 候 候	
时候	时候	时候		

shíhou [명] 때, 시각, 무렵 [때 시 時, 기후 후 候]

放 放 放 放 放 放 放 放		假 假 假 假 假 假 假 假 假 假		
放假	放假	放假		

fàngjià 동 방학하다 [놓을 방 放, 거짓 가 假]

刷 刷 刷 刷 刷 刷 刷 刷				
刷	刷	刷		

shuā 동 솔로 닦다, 솔질하다 [인쇄할 쇄 刷]

出 出 出 出 出		发 发 发 发 发		
出发	出发	出发		

chūfā 동 출발하다 [날 출 出, 필 발 發]

起 起 起 起 起 起 起 起 起		来 来 来 来 来 来 来		
起来	起来	起来		

qǐlái 동 일어나다 [일어날 기 起, 올 래 來]

实 实 实 实 实 实 实 实		习 习 习		
实习	实习	实习		

shíxí 명 실습, 견습, 인턴 [열매 실 實, 배울 습 習]

面 面 面 面 面 面 面 面 面		试 试 试 试 试 试 试 试		
面试	面试	面试		

miànshì 명 면접 [얼굴 면 面, 시험할 시 試]

Chapter 10 你看哪部电影?

New Word 🎧 10-00

▶ Pattern 1

哪	nǎ	대 어느, 어떤
部	bù	양 편, 대 [서적, 기계, 차량 등을 세는 양사]
杯	bēi	양 잔 [잔, 컵으로 셀 수 있는 사물을 세는 양사]
苹果	píngguǒ	명 사과
款	kuǎn	양 종류, 모양, 스타일 등으로 분류될 수 있는 사물을 세는 양사
笔	bǐ	명 펜, 필기구
同屋	tóngwū	명 룸메이트
国	guó	명 나라

▶ Pattern 2

要	yào	동 원하다, 필요하다, 요구하다
喜剧	xǐjù	명 코미디, 희극
片	piàn	명 영화 또는 텔레비전 방송극
草莓	cǎoméi	명 딸기

▶ Pattern 3

新	xīn	형 새롭다
冰镇	bīngzhèn	동 얼음에 채우다, 아주 차게 하다
色	sè	명 색, 색깔
借	jiè	동 빌리다
武侠	wǔxiá	명 무협, 협객
换	huàn	동 바꾸다, 교환하다
进口	jìnkǒu	동 수입하다
麻	má	형 얼얼하다
辣	là	형 맵다

🗨 Dialogue

好看	hǎokàn	형 예쁘다, 보기 좋다
爱情	àiqíng	명 애정
动作	dòngzuò	명 액션, 동작
张国荣	Zhāng Guóróng	명 장국영 [인명, 홍콩의 영화배우]
演	yǎn	동 연출하다, 표현하다, 공연하다
它	tā	대 그, 저, 그것, 저것 [사물을 가리킴]

☑ Double Check!

鸡蛋	jīdàn	명 계란
葡萄	pútao	명 포도
种	zhǒng	양 종류 [종류, 부류, 가지 등으로 셀 수 있는 사물을 세는 양사]
西红柿	xīhóngshì	명 토마토
炒	chǎo	동 볶다
西瓜	xīguā	명 수박
红茶	hóngchá	명 홍차
冰	bīng	형 차다, 시리다 명 얼음

哪 哪 哪 哪 哪 哪 哪 哪 哪					
哪	哪	哪			

nǎ 대 어느, 어떤 [어찌 나 哪]

笔 笔 笔 笔 笔 笔 笔 笔 笔 笔					
笔	笔	笔			

bǐ 명 펜, 필기구 [붓 필 筆]

同 同 同 同 同 同		屋 屋 屋 屋 屋 屋 屋 屋 屋			
同屋	同屋	同屋			

tóngwū 명 룸메이트 [한가지 동 同, 집 옥 屋]

国 国 国 国 国 国 国 国					
国	国	国			

guó 명 나라 [나라 국 國]

要 要 要 要 要 要 要 要 要					
要	要	要			

yào 동 원하다, 필요하다, 요구하다 [구할 요 要]

借 借 借 借 借 借 借 借 借 借					
借	借	借			

jiè 동 빌리다 [빌릴 차 借]

换 换 换 换 换 换 换 换 换 换					
换	换	换			

huàn [동] 바꾸다, 교환하다 [바꿀 환 换]

进 进 进 进 进 进 进			口 口 口		
进口	进口	进口			

jìnkǒu [동] 수입하다 [들 진 進, 입 구 口]

好 好 好 好 好 好			看 看 看 看 看 看 看 看 看		
好看	好看	好看			

hǎokàn [형] 예쁘다, 보기 좋다 [좋을 호 好, 볼 간 看]

种 种 种 种 种 种 种 种 种					
种	种	种			

zhǒng [양] 종류 [종류, 부류, 가지 등으로 셀 수 있는 사물을 세는 양사] [가지 종 種]

炒 炒 炒 炒 炒 炒 炒 炒					
炒	炒	炒			

chǎo [동] 볶다 [볶을 초 炒]

冰 冰 冰 冰 冰 冰					
冰	冰	冰			

bīng [형] 차다, 시리다 [명] 얼음 [얼음 빙 冰]

Chapter 11 　你怎么去?

New Word 🎧 11-00

▶ Pattern 1

怎么	zěnme	대 어떻게, 어째서, 왜
用	yòng	동 쓰다, 사용하다
勺	sháo	명 숟가락

▶ Pattern 2

为什么	wèishénme	대 왜, 어째서, 무엇 때문에
书店	shūdiàn	명 서점
银行	yínháng	명 은행
邮局	yóujú	명 우체국
杂志	zázhì	명 잡지

▶ Pattern 3

干	gàn	동 하다, 처리하다
上街	shàng jiē	동 거리에 나가다, 물건을 사러 가다
开	kāi	동 운전하다

💬 Dialogue

跟	gēn	접 ~와(과) [병렬관계를 나타냄]
郊外	jiāowài	명 교외
比较	bǐjiào	부 비교적
方便	fāngbiàn	형 편리하다

☑ Double Check!

办	bàn	통 하다, 처리하다
寄	jì	통 부치다, 보내다
些	xiē	양 약간, 다소, 몇몇 [명사 앞에 쓰여 불확실한 수량을 표시함]
包裹	bāoguǒ	명 소포
存	cún	통 보존하다, 저금하다
汇	huì	통 송금하다
款	kuǎn	명 돈, 금액, 경비
礼物	lǐwù	명 선물
百货商店	bǎihuò shāngdiàn	명 백화점
信用卡	xìnyòngkǎ	명 신용카드

Word Writing

怎怎怎怎怎怎怎怎 ㅣ 么么么

怎么 | 怎么 | 怎么 | |

zěnme [대] 어떻게, 어째서, 왜 [어찌 즘 怎, 그런가 마 麼]

用用用用用

用 | 用 | 用 | | |

yòng [동] 쓰다, 사용하다 [쓸 용 用]

书书书书 ㅣ 店店店店店店店店

书店 | 书店 | 书店 | |

shūdiàn [명] 서점 [책 서 書, 가게 점 店]

银银银银银银银银银银银 ㅣ 行行行行行行

银行 | 银行 | 银行 | |

yínháng [명] 은행 [은 은 銀, 걸을 행 行]

邮邮邮邮邮邮邮 ㅣ 局局局局局局局

邮局 | 邮局 | 邮局 | |

yóujú [명] 우체국 [역말 우 郵, 구획 국 局]

干干干

干 | 干 | 干 | | |

gàn [동] 하다, 처리하다 [줄기 간 幹]

上 上 上	街 街 街 街 街 街 街 街 街 街 街			
上街	上街	上街		

shàng jiē [동] 거리에 나가다, 물건을 사러 가다 [위 상 上, 거리 가 街]

跟 跟 跟 跟 跟 跟 跟 跟 跟 跟 跟 跟 跟				
跟	跟	跟		

gēn [접] ~와 (과) [병렬관계를 나타냄] [발꿈치 근 跟]

办 办 办 办				
办	办	办		

bàn [동] 하다, 처리하다 [힘쓸 판 辦]

寄 寄 寄 寄 寄 寄 寄 寄 寄 寄 寄				
寄	寄	寄		

jì [동] 부치다, 보내다 [부칠 기 寄]

存 存 存 存 存 存				
存	存	存		

cún [동] 보존하다, 저금하다 [보존할 존 存]

汇 汇 汇 汇 汇				
汇	汇	汇		

huì [동] 송금하다 [물 돌아나갈 회 匯]

Chapter 12 我能游一百米。

New Word 🎧 12-00

▶ Pattern 1

能	néng	[조동] 할 수 있다
游	yóu	[동] 헤엄치다
百	bǎi	[수] 100, 백
米	mǐ	[양] 미터, m
跑	pǎo	[동] 뛰다
小时	xiǎoshí	[명] 시간
碗	wǎn	[양] 대접, 그릇 [대접, 그릇으로 셀 수 있는 사물을 세는 양사]
瓶	píng	[양] 병
见	jiàn	[동] 만나다, 보다
周六	zhōuliù	[명] 토요일
机场	jīchǎng	[명] 공항

💬 Dialogue

接	jiē	[동] 마중하다
限行	xiànxíng	[동] 운행이 제한되다 (예 차량2부제)
所以	suǒyǐ	[접] 그러므로, 그래서
打车	dǎchē	[동] 택시를 잡아 타다
回去	huíqù	[동] 돌아가다
烤翅	kǎochì	[명] 버팔로윙
中午	zhōngwǔ	[명] 낮, 점심, 정오
啤酒	píjiǔ	[명] 맥주

☑ Double Check!

看见	kànjiàn	동 보다, 보이다
完成	wánchéng	동 완성하다
参加	cānjiā	동 참가하다
比赛	bǐsài	명 대회, 경기
见面	jiànmiàn	동 얼굴을 보다, 만나다, 대면하다
帮忙	bāngmáng	동 도움을 주다, 도와주다
加班	jiābān	동 초과근무하다, 야근하다

能 能 能 能 能 能 能 能 能 能

能	能	能			

néng [조동] 할 수 있다 [재능 능 能]

游 游 游 游 游 游 游 游 游 游 游

游	游	游			

yóu [동] 헤엄치다 [헤엄칠 유 游]

跑 跑 跑 跑 跑 跑 跑 跑 跑 跑 跑 跑

跑	跑	跑			

pǎo [동] 뛰다 [달릴 포 跑]

见 见 见 见

见	见	见			

jiàn [동] 만나다, 보다 [볼 견 見]

接 接 接 接 接 接 接 接 接 接

接	接	接			

jiē [동] 마중하다 [사귈 접 接]

限 限 限 限 限 限 限 限 | 行 行 行 行 行 行

限行	限行	限行	

xiànxíng [동] 운행이 제한되다 [제한할 한 限, 다닐 행 行]

打 打 打 打 打		车 车 车 车		
打车	打车	打车		

dǎchē [동] 택시를 잡아 타다 [때릴 타 打, 차 차 車]

感 感 感 感 感 感 感 感 感 感 感		冒 冒 冒 冒 冒 冒 冒 冒 冒		
感冒	感冒	感冒		

gǎnmào [동] 감기에 걸리다 [느낄 감 感, 무릅쓸 모 冒]

参 参 参 参 参 参 参 参		加 加 加 加 加		
参加	参加	参加		

cānjiā [동] 참가하다 [참여할 참 參, 더할 가 加]

见 见 见 见		面 面 面 面 面 面 面 面 面		
见面	见面	见面		

jiànmiàn [동] 얼굴을 보다, 만나다, 대면하다 [볼 견 見, 얼굴 면 面]

帮 帮 帮 帮 帮 帮 帮 帮 帮		忙 忙 忙 忙 忙 忙		
帮忙	帮忙	帮忙		

bāngmáng [동] 도움을 주다, 도와주다 [도울 방 幫, 바쁠 망 忙]

加 加 加 加 加		班 班 班 班 班 班 班 班 班		
加班	加班	加班		

jiābān [동] 초과근무하다, 야근하다 [더할 가 加, 나눌 반 班]

memo

memo